新农村新农业

农村电商新生态

刘　军◎主编

中国出版集团　现代出版社

图书在版编目（CIP）数据

农村电商新生态 / 刘军主编 . -- 北京 : 现代出版社 , 2020.7

ISBN 978-7-5143-8756-8

Ⅰ . ①农… Ⅱ . ①刘… Ⅲ . ①农村—电子商务—研究—中国 Ⅳ . ① F724.6

中国版本图书馆 CIP 数据核字（2020）第 124162 号

农村电商新生态

主　　编　刘　军
责任编辑　姜　军
出版发行　现代出版社
地　　址　北京市安定门外安华里 504 号
邮政编码　100011
电　　话　010-64267325　64245264（传真）
网　　址　www.1980xd.com
电子邮箱　xiandai@vip.sina.com
印　　刷　河北京平诚乾印刷有限公司
开　　本　787mm × 1092mm　1/16
印　　张　10
版　　次　2020 年 7 月第 1 版　2021 年 8 月第 2 次印刷
书　　号　ISBN 978-7-5143-8756-8
定　　价　20.00 元

前　言

我国电子商务发展至今，一、二线城市的电子商务市场已经日趋饱和，各大电商平台迫切需要寻求增量市场，于是渠道下沉成为其发展的必然趋势。

2020 年是特殊的一年，新冠肺炎疫情在全球范围的大蔓延，对世界各国经济都产生了极为不利的影响。此次疫情对我国上下冲击很大，但不得不承认，这在一定程度上促进了电商行业的蓬勃发展。通过对阿里巴巴、京东和拼多多三大电商巨头公布的数据进行分析，发现目前平台上的活跃买家数量呈持续增长趋势，低线下沉市场则成为加速新用户增长的重要引擎，谁能更大程度地占领低线下沉市场，谁就能取得电商市场争夺战的更大胜利。由此可以看出，2020 年，下沉市场依然是电商巨头们展开“拼杀”的主战场。

如今，各大电商巨头已经在广袤的农村市场展开了角逐，共同推动着农村电商的发展。全国政协委员李萌娇说：“中国电商的希望在农村，中国物流的希望也在农村。”近年来，农村电商发展迅猛，正在成为一个新的经济增长点。根据商务部发布的数据，2017 年上半年，我国农村实现网络零售额 5376.2 亿元，较 2016 年同期增长 38.1%，高出城市 4.9 个百分点，占全国网络零售总额的 17.3%；2018 年，全国农村网络零售额达到 1.37 万亿元，同比增长 30.4%，全国农产品网络零售额达到 2305 亿元，同比增长 33.8%。

在国家政策的大力扶持下，随着互联网的普及以及农村基础设施的不断完善，在新消费升级的刺激下，农村电商还将继续保持快速发展的势头。但是，农村电商的发展并非一帆风顺，目前还存在着物流方面的短板、农产品品牌化不足、质量标准认证难等问题，尤其是农村电商人才的缺失问题将会长期存在。电商是一个对实践性和操作性的要求都非常高的领域，我国电商人才的培养模式无法满足当下电商发展的实际情况，而且电商人才由于多种原因不愿下乡，这些都导致农村电商人才缺失严重，严重制约了农村电商的发展。怎样解决这个问题，就成了摆在各个县域面前的重大课题。

目前，农村电子商务已经渗透到整个农业产业链的全过程，逐步地改变着我国农村的面貌，推动着农村经济的发展，并改变着农民的生活方式。农村电商的蓬勃发展极大地改变着农村的商业模式，在让农民购物更加便捷的同时，增加了农产品的销售渠道，使农民走上了脱贫致富之道。

农村电子商务是时代发展到当下必然会出现的趋势之一，而电商巨头的用户争夺战转向低线下沉市场，无疑给农村电商创业者入局电商领域提供了新的机遇。电商为身处农村的“80后”“90后”提供了另外一种从业方式，特别是在目前新冠肺炎大流行、就业不景气的时期，这种方式更显得弥足珍贵。本书系统地讲述了我国农村电商的现状、前景，以及如何进行电商创业等方面的知识，农村电商创业者可以通过阅读这本书，快速洞察农村电商的创业机遇，习得经营网店的技巧。

李嘉诚说：“互联网是一次新的商机，每一次新商机的到来，都会造就一批富翁！每一批富翁的造就是：当别人不明白的时候，他明白他在做什么；当别人不理解的时候，他理解他在做什么；当别人明白了，他富有了；当别人理解了，他成功了。”祝愿读完这本书的你，能够在自己的农村电商创业之路上一步步走向成功，实现自己的创业梦想。

目　录

第一章
电子商务内容概述

随着我国电子商务的蓬勃发展，电子商务产业不断壮大，从事电子商务行业的人越来越多。电子商务在带来了无限商机的同时，也改变了人们的生活方式，推动着我国经济的快速发展。

电子商务是什么

随着网络技术、网络经济、信息经济等概念的提出，越来越多的人把目光投向电子商务（E-commerce）。相信随着社会的发展，电子商务将会掀起一场前所未有的革命。这场革命会将人类带入真正的信息社会。

随着社会的发展，电子商务在人们的生活中的角色越来越重要，不少人通过电子商务开辟了属于自己的天地。那么，电子商务是什么？如何理解它的内涵？这是我们首先要明白的事情。

电子商务的定义

迄今为止，国际上对电子商务并没有确定的、统一的定义。国际组织、企业乃至个人都有自己的看法。比如，电子商务是通过电子信息网络从事的交易活动；电子商务指在商务过程中，人们对一系列电子工具的应用；电子商务指人们通过网络对人员流程和物资进行协调，以达到商业交换的目的；电子商务 =Wed+ 企业业务；电子商务 = 电子化的市场 + 电子化的交易 + 电子化服务；电子商务的商务公式为 E−commerce=SCM+OPS+CRM/DRP；电子商务的技术公式为 E−commerce=Web+IT+Commerce；等等。

国际商会提出：电子商务是指对整个贸易活动实现电子化；从涵盖范围的角度出发，电子商务指交易各方以电子交易方式，而不是通过当面交换或直接洽谈方式进行的任何形式的商业交易；从技术角度出发，电子商务是一种多技术的集合体，包括交换数据（电子数据交换、电子邮件等）、获得数据（共享数据库、电子公告牌等）以及自动获得数据（如条形码）等。这是目前关于电子商务最权威的定义。

欧洲议会对电子商务的定义是：电子商务是用电子方式进行的商务活动。它通过电子方式处理和传递数据，包括文本、声音和图像。它涉及多方面的活动，包括电子贸易和服务、在线数据传递、电子资金划拨、电子证券交易、电子货运单证、商业拍卖、合作设计和工程、在线资料、公共产品获得。它包括产品（消费品、专门设备等）和服务（信息服务、金融服务、法律服务等）、传统活动（健身、教育等）和信息活动（虚拟购物、虚拟训练等）。

概括来讲，电子商务是一种商务活动的新形式，以现代信息技术手段为工具进行的商品交易活动。它以替代传统交易过程中纸介质信息载体的存储、传递、统计、发布等环节为目的，实现整个交易过程中的无纸化，确保整个过程高效、低成本、实时化、直接化、网络化。

电子商务的组成

通常情况下，电子商务的技术实现由三部分组成：建立企业的 Intranet（内联网，或称企业内部网），扩展到 Extranet（外联网，或称企业外部网），链接到 Intranet，让用户在该企业的应用系统或应用平台上进行交易。电子商务是在 Internet/Intranet/Extranet 或广域网、局域网基础上，从销售、市场到商业信息的全过程。在整个过程中，只要能够降低商业成本、创造商业价值、创造商业机会的活动都属于电子商务的范畴。

电子商务包括以下四个部分：第一，基于 Internet 的电子商务。商家通过 Internet 来发布信息、宣传产品、网上销售、售前售后服务等，如虚拟商店、网上购买、网上信息服务等。第二，基于 Intranet 的电子商务，企业通过 Intranet 来进行信息的发布、交流以及反馈，并进行业务流程分析，以及人、财、物的管理与协调，加大对企业内部文件系统和相关数据库的管理，经由设置访问权限及防火墙技术等措施使企业机密安全性得以提高。第三，基于 Extranet 的电子商务。相关企业之间，如企业与购货商、代理商、供货商等之间经由 Extranet 来进行信息沟通、协同运作，实现网上实时交易过程，使运用效率和效益得以提高。第四，基于其他网络的电子商务。比如，视频会议，视频点播，ATM 自动存款、取款业务，电话网，等等。

电子商务的分类

按照商务应用服务领域范围，电子商务主要分为四类：第一，企业对消费者的电子商务，即电子零售商业。近年来，此类电子商务行业突飞猛进，这得益于国际互联网的发展。开展企业对消费者的电子商务，困难小，应用前景广泛。第二，企业对企业的电子商务。从未来发展角度出发，此类电子商务将会成为主流。第三，企业对政府机构的电子商务。政府将采购的细节公布于国际互联网上，经由网上竞价的方式来招标。现如今，这类电子商务依然处于初期阶段。第四，消费者对政府机构的电子商务。迄今为止，此类电子活动还没有真正开展。

电子商务的发展史

电子商务已经渗透到人们生活的方方面面，潜移默化中改变了人们的生活理念和生活方式，成为人们生活中至关重要的一部分。那么，它是从什么时候进入我们的生活的呢？

从客观上来讲，电子通信手段出现的那一天，电子商务活动也随之出现。微观信息经济学家认为，信息是一种看不见的商品，使人们更加有效地获得有形资产——物质财富，实现经济价值。长时间以来，广泛流行于西方发达国家的信用卡支付、电话购物等商品交易行为是电子商务最初的表现形式。这一类电子商务的特点是，尽量采用电子信息化的手段来实现交易。调度资金流和物流运动的信息以光速来进行，这大大地提高了效率。随着现代通信技术的迅猛发展及计算机出现，尤其是最近几年来互联网爆炸式的发展，使电子商务展现出了新的活力。

电子商务的起源

新一轮电子商务的迅速崛起得益于计算机的电子数据处理技术的发展。计算机应用由科学计算转变为文字处理和商务统计报表处理，电子表格软件和字处理软件的出现，都极大地促进了标准格式商务单证的电子数据交换的开发和应用。得益于这些软件，政府、企业的采购得以顺利完成，企业的商业文件也从书面形式转变为电子文件形式。随着网络技术的发展，电子数据资料的交换，从磁带、软盘等物理载体的寄出与送达转变为经由专用的增值通信网络传送，近几年转变成由公用的因特网传送。银行与银行之间的电子资金转账技术和企业、事业单位之间电子数据交换技术进行结合，这是早期的电子商务。信用卡、零售业销售终端和联机电子转账（POS/EFT）技术、自动取款机（ATM），以及相关的网络通信和安全技术的发展，使网上持卡购物和企业之间的网上交易这两种电子商务模式飞速地发展。

电子商务的发展史

电子商务的发展主要经历了两个阶段：第一阶段，20 世纪 60 年代到 20 世纪 90 年代，基于 EDI 的电子商务。EDI（Electronic Data Interchange）：业务文件按照一个大家所认同的标准从一台计算机上发送到另外一台计算机上的电子传输方法。这种电子商务最早出现于 20 世纪 60 年代末的美国，贸易商们在用计算机处理各类商务文件时意识到，在人为因素的影响下，数据的准确性和工作效率大大降低。于是，他们开始试着交换贸易伙伴之间的数据。不久，EDI 诞生。

20世纪90年代之前，大部分EDI都不经由Internet，而是实现于租用的电脑线的专用网络。这类专用网络有一个单独的名称：VAN（Value-Addle Network，增值网）。这样做的主要目的是保证安全性。但随着Internet的安全性越来越高，这样一个服务更好、覆盖面更广、费用更低的系统，渐渐替代VAN成为EDI的硬件载体。

第二阶段，20世纪90年代后基于国际互联网的电子商务。因为VAN的使用费用过高，只有大型企业才会使用，所以基于EDI的电子商务的应用范围一直得不到扩大。

我国电子商务交易在“十一五”期间总额增长了将近2.5倍。2011年，我国电子商务整体交易金额高达5.77万亿元，同比增长28.3%，相对于2010年，速度提高了6.3%。此外，B2B电子商务市场保持稳定的地位，成为传统经济的推力。2011年，我国网络购物交易额高达8997亿元，同比增长了72%，占据社会零售品交易额的比重由2010年的3.3%上升到4.9%。网络购物用户渗透也在迅猛上升，社会零售占比一直呈上升的态势。2011年，我国网络用户高达1.94亿，用户渗透率由2010年的35.6%上升到37.8%。

20世纪90年代中后期，国际互联网迅猛发展，慢慢地从科研机构、大学扩展到企业、个人家庭，它的功能也从信息共享变成了一种普遍的信息传播工具。从1991年开始，商务贸易活动渗入互联网，电子商务也渐渐成了互联网应用中最受欢迎的主题。

电子商务的功能及特点

电子商务是一种新型的交易方式，为生产企业、流通企业和消费者开辟了一个新的天地，为商业活动提供了一个更加广阔的平台，极大地提高了客户和企业的效率。那么，具体来说，电子商务的功能和特点是什么呢？

电子商务能够提供网上管理、交易等整个过程的服务，具备咨询洽商、网上订购、交易管理、广告宣传、电子账户、意见征询、服务传递、网上支付等功能。

电子商务的功能

一、广告宣传

电子商务可以依托企业的网页服务器在 Internet 上发布商业信息，和其他类型的广告相比，网络上的广告成本较小，却能带给顾客较大的信息量。

二、咨询洽商

电子商务能够依据 E-mail、chat 和新闻组来了解市场和商品信息、洽谈交易事务。如果有下一步需求，人们可以用网上的白板会议进行交流。这种形式提供了更多便利的交流形式，让人们摆脱面对面交流的限制。

三、网上订购

电子商务可以通过邮件替换传送实现订购。如果商家和客户不想泄露个人的信息，就可以采用加密的方式。

四、网上支付

网上支付是电子商务中一个重要的过程，买家和卖家之间可以通过信用卡来实现支付。电子支付能够节省时间，但需注意信息传输过程中的安全问题，防止窃听、冒用、诈骗等非法行为的发生。

五、电子账户

网上支付的前提条件是电子金融，即信用卡公司、银行、保险公司等金融单位以金融服务提供网上操作的服务。银行账号、信用卡号均是电子账户的标志，它的安全性需要一定的技术措施来支撑，如数字签名、数字凭证等手段。

六、服务传递

对于那些已经支付的客户，商家应该将货物以最快速度送到其手中。有些货物在本地，有的货物不在本地，这时能够通过电子邮件在网络上调配物流。信息产品是最适合在网上传递的货物，如信息服务、软件、电子读物等，这些货物能够通过电子仓库直接发到用户端。

七、意见征询

电子商务能够轻而易举地收集用户对销售服务的反馈意见，使企业的市场运营形成一个封闭的回路。收集客户的反馈意见不仅能够提高售后服务的水平，还能借机改进产品、发现商机。

八、交易管理

交易管理是指对人力、财力和物力进行协调与管理，它关系到商务活动的整个过程。随着电子商务的发展，一个多种多样的应用服务系统和良好的交易管理的网络环境应运而生。

电子商务的特性

一、普遍性。随着电子商务的发展，政府、消费者、生产企业、流通企业都参与到了网络经济中。

二、方便性。电子商务没有地域的限制，客户能够便利地完成烦琐的商务活动。比如，通过网络银行随时随地存取资金账户、查询信息。

三、整体性。电子商务能够规范事务处理的工作流程，把电子信息处理和人工操作整合起来，提高人力和物力的利用率和系统运作的严密性。

四、安全性。安全性对电子商务异常重要，它需要网络提供一种电子商务资料库，端到端的安全解决方案。

五、协调性。商务活动本身就是一种协调过程，它需要零售商、批发商、生产商、客户以及公司内部之间进行协调。电子商务对银行、技术服务、通信部门、配送中心等各个部门的协调性要求更高。

电商的主要模式与类型

随着信息技术的发展，电子商务的发展突飞猛进。多方面了解电子商务，可以为我国农村电子商务的发展提供一些参考，让我们做好充分准备，迎接21世纪电子商务更大浪潮的到来。

20世纪90年代，随着互联网技术的兴起，电子商务发展迅速，大概经历了两个发展阶段。第一个阶段是商业活动电子化，即商业活动以电子交易为媒介，如股票电子交易系统、电子银行等；第二个阶段是电子交易推动商业化，电子交易发展为网上市场的开发手段，彻底改变了传统产业的“生产—销售”模式，形成了“销售—生产”模式。

电商的主要模式

目前，电子商务高度集中于“电商”这个小概念，即利用网络从事商务。“电商”大致经历企业商务、个人市场爆发、企业零售转型三个阶段。主要的模式如下。

第一种，企业对企业的电子商务（Business-to-Business，B2B），如阿里巴巴、慧聪网等，作用是为企业与企业之间的贸易往来提供便利，形象地说是网上批发市场。

第二种，企业对消费者个人的电子商务（Business-to-Consumer，B2C）。随着2005年网络零售市场的兴起，这种模式逐渐占据了市场。比如，京东商场、天猫商城、当当网等。企业在网上直接将商品卖给消费者，形象地说是网上直营商场。

第三种，个人卖家对个人消费者的电子商务（Consumer-to-Consumer，C2C），如淘宝网。如今很多人买生活用品喜欢先在淘宝网搜索，然后网上付款。形象地说这是网上跳蚤市场。

除此之外，还有企业对政府的电子商务（Business-to-Government，B2G）、消费者对政府的电子商务（Consumer-to-Government，C2G），以及“ABC”——企业、消费者与代理商三者互相转化。

研究中国电子商务发展历程还可以从交易内容、载体以及交易形式等角度进行分析，最具代表性的就是阿里巴巴的成长历程。

阿里巴巴创办于1999年，初期阶段是旗下三个交易市场进行协作，促进世界各地的买家、供应商进行网上交易，主要用于企业与企业之间；2003年，淘宝网成立，个人网络零售市场迅速升温；2008年，天猫商城成立，企业对个人的电子商务慢慢占据了市场。

电子商务的基本类型

作为如今最流行的网络零售市场，电子商务主要有以下四种商业形态。

第一种，平台式电商。类似于商业地产型，就像城市中心开发商业区的公司，盖好商场后将其租给商家，并提供相应的服务。代表有天猫、淘宝，它们提供网络平台，企业和个人入驻平台做生意。

第二种，自营式电商。类似于百货公司，开商场、经营、收款、送货均由自己来完成。代表有京东商城、当当网、苏宁易购等，货物门类多而齐全，本身内部就成了一个互相关联的整体。但近些年来，这些平台慢慢有小商户入驻。

第三种，垂直式电商。类似于专卖店型，就像城市里的品牌专卖店，只做一个或者几个品类，如凡客诚品、唯品会等。直建平台同样可以利用其他平台，客户群体比较小众。

第四种，网商或普通电商企业。类似于小商铺型，就像城乡集贸市场上的小摊贩，如淘宝商户，他们需要在电商平台上开设店铺。

我国电子商务的发展状况

首先，我国互联网使用人数与日俱增，年龄跨度越来越大，涉及人群越来越广，潜在消费用户基数庞大。我国是全球化信息产业发展速度最快的国家之一，根据相关的资料显示，2007 年我国的网民数量高达 1.44 亿，其中有 9700 户是宽带使用者。网络的普及速度越来越快，网络已经融入每个人的生活。其中，电子商务消费者所占比例越来越高，且具有较大的增长空间。

电子商务的交易额度和它涉及的范围也一直在扩大，根据相关资料显示：2001 年，我国电子商务交易金额达 9 亿元；2005 年，我国电子商务交易金额达 160 亿元；2006 年，我国电子商务交易金额达 330 亿元；2007 年，我国电子商务交易金额达 600 亿元；2008 年，我国电子商务交易金额达 1200 亿元。

就目前的形势而言，不少人都看到了电子商务的巨大发展前景，很多企业投身于此行业。庞大的资金投入无疑会推动电子商务快速发展。

我国电子商务的发展问题

第一，搜索功能不够完善。喜欢网上购物的用户在搜索自己要买的商品时，一般都会考虑喜好、产品质量、产品价格等多方面的因素。表面上看，现有的搜索方式十分便利，功能也强大。但实际上，实际存在的商品店铺远远多于人们搜索到的，有些网站对商家的价格隐私进行保护，导致信息不够全面。这样一来，买家就需要逐一搜索网站，既影响了购物体验，又对网络资源造成了浪费。

第二，安全隐患。从某种程度上讲，电子商务的安全问题会限制它本身的发展，有些人没有选择在网络上购物是因为觉得不够安全，认为财产信息会泄露，这也是现阶段限制电子商务发展的一个因素。

第三，电子商务的管理问题。在电子商务相对自由发展的情况下，各种各样的商务方式应运而生。百鸟争鸣的现象对发展有利，但如何管理也成为重中之重。要想在管理上实现真正的规范化，就要求管理概念涉及面广泛、全面。要想将多方面的管理理念综合在一起，并且适用于电子商务特征和发展现状，短时间是无法实现的，这任重而道远。与此同时，还要协调好电子商务管理部门和客户端。电子商务的形象担当是客户端，一定要苦心经营好，想要成功就需要取得客户的信任。同时，一个完美的后台管理必不可少，它是公司的大脑，起决定性的作用。

第四，电子商务的税务问题。电子商务整个运行过程中并没有统一的监督，环境也在变化，这对税务监管部门来说是一个大难题。因此，在电子商务蓬勃发展的同时，一定要规范税收的政策法规，紧跟时代的步伐，制定行之有效的税务法规政策，并确保其实施。

第五，电子商务的费用支出。中国的金融系统不够完善，尤其是信用制度和信用执行系统。因此，很多中国人并不习惯使用信用卡。这在一定的程度上限制了电子商务的发展，应该完善我国的金融体系，制定相适应的金融制度，打造中国特色的金融信用系统。

势不可当的电商风潮

在信息多元化的21世纪，人们可以足不出户了解商品信息，选购心仪的商品，并通过电子平台购买、进行售后反馈。毫无疑问，电子商务在我们生活中的地位越来越重要，甚至改变了我们的生活方式。那么，我们应该如何看待电子商务引发的风潮呢？

早在20世纪90年代，电子商务就已经萌芽，当时主要应用于企业与企业之间。21世纪以来，个人消费者开始网上购物，企业开始做直接面对消费者的网上零售生意，并且规模越来越大。

电商风潮来袭

2008年以来，传统市场竞争愈加激烈，而电子商务却朝着方向相反的形势发展，成为新的经济增长点。2016年，我国电子商务市场交易规模高达26万亿元，同比增长20%。其中，网络零售市场交易规模超过5万亿元，同比增长26%；2016年，1月到11月，相对于社会消费品零售总额而言，实物商品网上零售额所占比例为12.5%；电子商务服务业市场规模高达1.98万亿元。

2016年的“双十一”，天猫商场再次创下纪录，11月11日这一天的交易额轻轻松松地突破了1000亿元，高达1207亿元，无线交易额占比81.87%，涉及的国家和地区多达235个。菜鸟网络物流订单高达657亿元，这还不包括不是阿里平台上的其他电商，譬如京东、苏宁、当当、亚马逊上的销售业绩。作为中国最大的网络零售平台，淘宝网如今拥有的注册用户将近5亿名，平均一天的访客多达6000万名，每天在线商品数量将近10亿件，平均一分钟有5万件商品售出。

电子商务快速发展，中国网购群体在短时间内激增，《第三十八次中国互联网发展状况统计报告》中显示，截至2016年6月，中国网购居民人数已达4.5亿，并且其中不少人已经养成网络购物的习惯。iCTR中国网购行为2014年调查数据显示，2014年上半年，中国网购用户平均每个月网购消费金额为566.6元，购房和购车支出除外，占平均个人支出的18.1%。

限制电商发展的因素

如今电商风潮来袭，但我们不能忽视如下两个重要的问题。第一个是第三方支付安全问题。电商交易需要在网上进行货币结算，而这个过程涉及消费者的银行卡。支付信息一旦被泄露，将给用户带来难以挽回的损失。

第二个是物流问题。商品从卖家到达买家，这个过程需要物流方来完成。随着我国电子商务市场的快速发展，电商物流行业也得到发展的机会。其中，京东、亚马逊等大型电商平台采取了自建的配送模式，天猫、淘宝等平台使用的是第三方物流公司。当电商企业之间进行价格战的时候，物流供应商就成了“被剥削的对象”。时间一长，不仅物流行业会受到影响，整个电商市场都会元气大伤。

需要注意的是，虽然目前中国电商发展很快，但它并不能取传统商业而代之。传统商业也需要融入互联网，加快转型，使电子商务成为传统商业的一个线上模式。因此，在这一波的电商风潮中，企业千万不要只关注电商的线上发展，而忽视线下传统商业服务。

用电商缔造营销神话

如今，电子商务的发展势头越来越猛，对传统零售行业带来了巨大的冲击。为什么曾被人认为“不务正业”的电商能创造一个又一个神话？而我们又该从这些营销神话中获得什么经验呢？

传统企业经历了一个漫长的发展过程，而电商将这个过程大大缩短，短至两三年就打造出一个新品牌。接下来，让我们了解电视演绎的营销神话。

“淘品牌”的神话

我国有不少电商在时代的浪潮中脱颖而出，代表有“淘品牌”，也就是没有在实体店而专门在网上销售的品牌。传统企业曾嘲笑它们是“空手套白狼”，但经过多年的发展，它们创造出了一个又一个神话。

服装电子商务企业韩都衣舍，2008 年品牌创立时，只有几间房子和几个工人。到了 2013 年，员工已经超过了 2000 人，淘宝网店铺会员人数超过了 800 万人。最近几年，电商企业纷纷在美国上市，阿里巴巴更是创下了融资神话，一批亿万富豪由此产生。阿里巴巴于 2014 年 9 月 19 日在美国成功上市，以市值 2314.39 亿美元、收盘价 93.89 美元的数字，一跃成为世界电商第一股。

亚马逊演绎的神话

当全国消费者为“双十一”创造的佳绩而惊叹不已的时候，世界上最大的网络零售商亚马逊也演绎了一段神话。它以每年超过 30% 的增长速度，让全世界最大的线下零售巨头沃尔玛忐忑不安。亚马逊是众多电商的模仿对象，但从未被超越。

让我们回顾一下亚马逊的发展历史。最开始的时候，它只是一个卖书的网站，但到了 2000 年年末，买家遍布全世界 160 多个国家和地区，销售额高达 80 亿美元，一跃而成为世界上最大的网络销售商。亚马逊的迅速崛起让传统电商行业陷入了困境。美国知名连锁书店 Borders 发现自己在图书种类上与亚马逊相差甚远，眼睁睁看着亚马逊通过各种各样的廉价产品侵占自己的市场；零售巨头沃尔玛也因此损失不小，同一店面在连续九个季度出现销售业绩下滑。不过它们不算最倒霉的，在过去短短十几年时间里，超过 30 多家企业都被亚马逊收购。

在很多人眼中，亚马逊只是一家有代表性的 B2C 电子商务公司，但这绝非全部。亚马逊给传统电商行业带来如此冲击的原因在于，它能够积极创新。谈及亚马逊创新，代表事件就是云计算。

亚马逊在 20 年时间里发展成一个集“电商、零售商、数字出版商、物流公司、技术公司、硬件厂商”多重身份于一身的互联网巨头。有人如此评价亚马逊：“在美国，我生活中的所需要的东西都来自亚马逊。”

即使 2001 年互联网破灭的浪潮中，亚马逊也屹立不倒，亚马逊最大的债权人巴菲特对它的潜力信心满满。巴菲特曾经公开说：“我在网上只为三样东西付钱，《华尔街日报》电子版、网上桥牌和 Amazon.com 上的书籍，我相信，他们所做的事情都是正确的。”

亚马逊在 2002 年第四季纯利润大约为 500 万美元，到了 2004 年，亚马逊的纯利润为 3 亿多美元。在 2008 年的金融危机中，亚马逊的股价逆市而上，净利润猛增。亚马逊在 2011 年 7 月 27 日股价增长了 6.29%，市值超过了 1000 亿元，成为第二个市值超过千亿美元的互联网公司。2012 年 11 月 13 日，亚马逊的股价已经由年初的 175 美元上升到 226.47 美元。如今，电子商务迅猛发展，大量电商企业都想复制亚马逊的模式，但很多只学到表面上的东西，没有学到它的精髓。

电子商务与传统商务

如今，电子商务行业已经影响着大家的衣食住行，成为左右国人日常生活方式的重要行业之一，被誉为我国的新四大发明之一，对我国的经济乃至社会都产生了重要的影响。

有些人认为，电商行业的发展不利于商业平衡，因为它给实体产业带来了冲击。这句话看似有一定的道理——实体店商品种类单一，房租成本高，在与电商的竞争中处于劣势。但是，要是说电商导致实体行业的衰退，就有失公允了。

电商促进了传统行业的改革

首先，自从改革开放以来，我国已经进入了市场经济。什么是市场经济？那就是充分的、自由的竞争。电商作为一种新型行业，不过是在商业竞争中处于优势，并没有足够的能量影响商业的平衡；其次，从大的角度来看，人类已经进入了第四次工业时代，5G 时代已经到来。作为互联网行业之一，电子商务有着更大的发展前景，电子商务是合乎时代发展潮流的，而一些传统实体行业应该主动寻求转型，以免被淘汰。

电子商务正在蓬勃发展，在一定程度上促进了实体行业的改革。实体店商品价格高、服务质量不高的问题也会有所改善，消费者也拥有了选择权。电商的发展并不会对商品源头——制造业和企业带来限制，它只是省去了中间环节，反而促进了一些制造业和高科技企业的发展，使它们获得更高的利润。与此同时，蓬勃发展的电商提供了很多的就业岗位，带来了更多的税收和经济利润，推动了社会经济的发展，让我们的生活更加便利。

电商有一句流行语，“不怕买不到，就怕想不到”。这句话充分反映出了电商市场商品种类的丰富。比如，如果我们想吃陕西凉皮，可以随时随地上网购买——2015 年 11 月 11 日，“岐山方便擀面皮”系列产品一天卖出 350 万元。此外，那些运输成本高的生鲜产品也成了电商的宠儿。比如，通过冷链运输，阳澄湖大闸蟹到了顾客手中依然是活的。

伴随着网络的发展，全球电商的发展到了如日中天的阶段，电商的迅猛发展促进了物流快递业的转型成功，在国外有亚马逊，在国内有京东，都为推动无人机配送业务做出了自己的贡献，跨境电商物流体系也提升到史无前例的程度。

2014 年，天猫平台对跨境冷链物流体系的系统性进行测试，推出了美国车厘子 72 小时直达活动，只要消费者在“喵鲜”平台上下单，美国基地就能快速发货，在 3 天时间内将商品送到消费者的手中。

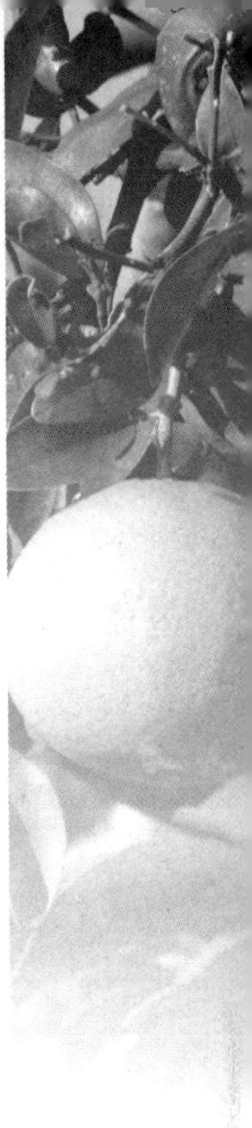

第二章
农村 + 电子商务 = 新生态

随着互联网的普及以及农村基础设施的完善，农村电子商务呈现出了蓬勃发展之势，并成为促进农村经济发展的新兴的商业模式，带领人们走上了致富之路。

中国电商的新希望在农村

全国政协委员李萌娇说："中国电商的希望在农村，中国物流的希望也在农村。"近年来，农村电商发展迅猛，正在成为一个新的经济增长点。

地广人稀的农村地区有着良好的市场前景，在这个巨大的市场中，电子商务正发挥着越来越大的作用。

根据中国互联网络信息中心公布的《第三十七次中国互联网络发展状况统计报告》：到 2015 年 12 月为止，中国网民有 6.88 亿，其中农村网民数量已超 2 亿。到目前为止，农村人口数量为 9.6 亿，占全国人口数量的 70%。从社会消费总额角度出发，农村县区域的消费总额占社会消费总额的一半以上；从全国 GDP 总量上看，县域经济占据 56%，已经超过一半。

蚂蚁金服在2016年年初公布了一组数据，到2015年年末，余额宝累计用户数量为2.6亿，农村用户数量已经超过3700万，所占的比例高达1/7。其中，温州、苏州、东莞、成都、泉州等地农村用户数量最多，开户数量高居全国前五。在这些用户当中，“80后”和“90后”居多。

阿里研究院在2014年发布了一篇关于农村电子商务的消费的调查报告，在前三年，农村网购消费呈持续上升的趋势。阿里农村淘宝事业部在2015年7月发布了一篇《农村网络消费研究报告（2015）》，报告称，农村电商的发展会对地区之间发展水平的差距进行弥补，为行业发展提供精确助力。根据阿里研究院《农村网络消费研究报告（2015）》的数据显示，淘宝网（含天猫商城）在2015年收货地址是农村地区的订单金额呈现大幅度增强趋势，第一季度的比例为9.64%。有目共睹的是，它在农村市场所占份额较大。2013年的第一季度所占比例为8.65%。两者进行比较，我们能够得出这样的一个结论，那就是在电商的影响下，农村经济能够呈快速增长的趋势。该报告还说，估计到2016年年末，全国农村网购市场规模将增至4600亿元，成为网购市场新的经济增长点。

根据商务部的统计数据，到2015年年末，中国网购成交额高于4万亿元，而农产品网络交易只有1000亿元。由此可以得出这样的一个结论，就是大量农副产品还是通过传统的渠道进行销售。但是，这个数据正说明了一个问题，那就是农村电商发展前景良好。

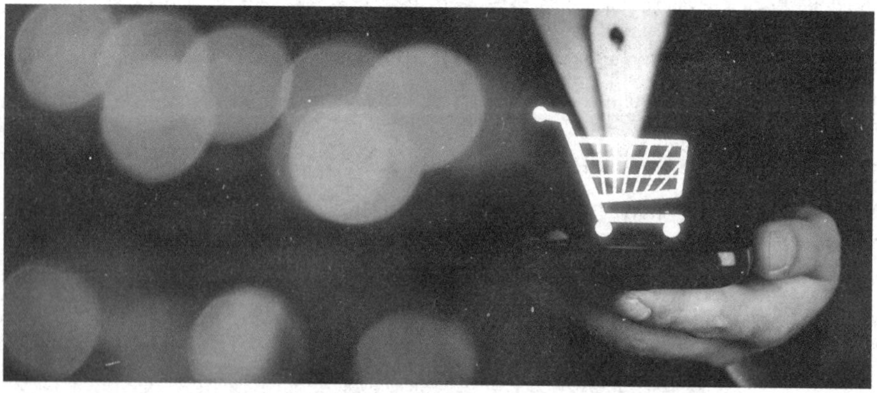

国家对农村电商的扶持

国家从政策上对农村电商的发展予以扶持。2015 年年末，国家提出了“供给侧结构性改革”，并着手解决扩大内需的问题。这次改革更重视在资源配置中市场的作用。在这样的大环境下，扩展农村电商市场成了大势所趋的事情。所以，国家接二连三出台了一系列政策，对农村经济的发展进行鼓励、支持，并进行引导。

国务院于 2015 年 11 月 9 日颁布的《关于促进农村电子商务加快发展的指导意见》，以及商务部等 19 个部门于 2015 年 8 月 21 日发布了《关于加快发展农村电子商务的意见》，都明确地提出要促进电商、物流、金融等企业加入涉农电子商务平台的建设，并做好电子商务进农村的示范工作。国家发改委、原农业部和商务部于 2015 年 9 月 6 日颁布了《推进农业电子商务发展行动计划》及与之相应的组合政策，这为农村电商的发展提供了政策支持。

农村电商市场正处于发展之中，国家的扶持政策为农村电商的发展指明了前进的方向，这大大地提高了市场的爆发速度。

国家层面的“互联网 +”农村经济战略已经初具成效，在政策的扶持下，传统农业正经历一场改革。工商资本纷纷入驻农村，农业成为热门的投资领域。发展农村电子商务，受到影响的不仅是消费端，还有传统的生产方式、销售方式以及消费方式，推动着农村产业链的整体变革。在未来的一段时间内，农业电商会大大地推动中国经济的增长。

农村发展需要电商

中华农耕文明的历史悠长，从原始时代到今天，我们大部分人都生活在农村。相对于四通八达的城市而言，偏远的农村受制于种种不利条件，就更需要借助于网络，将生产出的有机绿色农产品推广出去。与此同时，我国政府把农村经济的发展放在战略地位。国务院于 2015 年 10 月宣布，“完善农村及偏远地区宽带电信普遍服务补偿机制，缩小城乡数字鸿沟；部署加快发展农村电商，通过壮大新业态消费惠民生；

确定促进快递业发展的措施，培育现代服务业新的增长点”。在国家以及政府的鼓励下，相信在不久的将来，农村电商一定会发挥出至关重要的作用。如果能够抓住机遇，我们就能够成为胜利者。

中央1号文件对农村电商的部署

备受期待的2017年中央1号文件于当年2月公布，文件的主题是深入推进农业供给侧结构改革，加快培育农业农村发展新动能，并从六个方面对三农工作进行了部署。

自从2014年年来，中央1号文件每年都提及农村电商工作。我们应当注意的是，2016年中央1号文件大篇幅地对农村电商的工作进行了部署，2017年中央1号文件进一步加强了农村电商的部署。2016年的小标题是“加强农产品流通设施和市场建设”，而2017年的标题是“推动农村电商”。

中央1号文件对农村电商的新部署

相对于2016年而言，2017年的部署可以归纳成一个“首次提出”和四个“更加重视”，有五个特点。

首次关注电商产业园的问题。文件中说，“鼓励地方规范发展电商产业园”，并对电商产业园提出了自己的要求，那就是“聚集品牌推广、物流集散、人才培养、技术支持、质量安全等功能服务”。

2016年，中国的农产品电商园区有200家，所占比例为12%，并且呈快速增长的趋势。但透过数据看本质，一些地方的所谓“电商产业园”其实就是原来开发园区的乔装打扮，显而易见，它们电商特性很少。

文件对电商产业园做出了规范，显然不希望它们只是简单地跟风模仿，而是做实事。具体来说，就是服务功能要强大，具备品牌推广、物流集散、质量安全、技术支持、人才培养等功能。

更加注重线上线下融合。2017年中央1号文件开头就说，“促进新型农业经营主体、加强流通企业与电商企业全面对接融合，推动线上线下互动发展”。这一条既回应了 2016 年年末中央经济会议提出的振兴实体经济，也体现了深入推动农业供给侧结构性改革。这是农村电商三年实践的经验与教训，如果现代农业体系发展不够完善的话，农商根本无法得到好的发展。

更加注重农产品上行。文件指出：“加快建立健全适应农产品电商发展的标准体系”“支持农产品电商平台和乡村电商服务站点建设”“完善鲜活农产品直供直销体系”。在网上销售的农产品一般都缺少相应的商业标准，又无法衔接传统的生产标准，因此对农产品电商的标准体系进行完善是一件大势所趋的事情。2016 年年中央 1 号文件提出“鼓励大型电商平台企业开展农村电商服务”。相比较而言，2017 年中央 1 号文件则明确提出“支持农产品电商平台和农村电商服务站点”，进一步把注意力放在农产品上行问题上。完善鲜活的农产品直供直销体系，对降低生鲜电商的运营成本有着积极的意义。

更加重视农村电商物流。文件指出，“推动商贸、供销、邮政、电商互联互通，加强从村到乡镇的物流体系建设，实施快递下乡工程”“完善全国农产品流通骨干网络，加快构建公益性农产品市场体系，加强农产品产地预冷等冷链物流基础设施网络建设”。透露出的信号是，整合现有的农村物流体系，不然若干自成系统的农村物流体系既不现实也不经济；而重视骨干物流网络和冷链物流基础是对现实制约的回应。

更加注重农村电商生态体系。文件将 2016 年在其他部分单独表述出来的“推进互联网 + 现代农业行动”融入了 2017 年的农村电商部分，这样农村电商的外围建设更完整。可以说，要想搞好农产品电商，一定要先搞好“互联网 + 现代农业”，这是基础。与此同时，文件将 2016 年提出的“加大信息进村入户试点力度”进行完善，为“全面实施信息进村入户工程，开展整省推进示范”，对农村电商的用户基础和信息网络基础进行进一步的加固。

与此同时，文件还提出“深入实施电子商务进农村综合示范”。

考虑到这项工作已经实施了三年时间，相关工作体系已经完善，专项部署也明确了重点方向，因此1号文件并没有对此进行具体说明。依据之前商务部的通报，这项工作的重中之重在基层站点、农产品上行以及人才培训方面，并全面覆盖有条件的贫困县。

以供给侧改革推进农村电商的发展

到目前为止，农村电商还处于起步阶段，市场主体不够，基础设施不够完善，相关政策没有配套上，电商服务业无法跟上。对1号文件的部署进行落实，就一定要深入推进供给侧改革。努力进行制度创新、完善基础设施、释放人才活力、加大政策扶持力度，通过政府所创造出的良好环境，让企业、人才和平台等各方面力量在农村电商的广阔空间里展翅高飞。

加大政策的有力支持。在出台电商发展整体意见的基础上，快速地将其纳入“十三五”发展总体规划，然后出台与之相配套的政策，催促市、县政府出台本地电商的发展意见，进一步完善农村电商发展的体系。

促进电商服务的有效提升。把电商服务业的发展放在战略地位，引入优势电商服务商，重点解决人才培训、数据分析、市场推广、客服运营、专业美工、网店装修等不足之处。

解决电商发展的短板制约。目前最主要的表现是农村宽带还没有全面普及，且收费高、网速慢；农村物流不发达，有些地方物流送不到，而且收费高、无法保证时效。电商发展的要素集中承载地，电商孵化中心建设相对落后，配套的加工、包装、存储设施没有到位，一定要全力解决。

加快农业转型升级。农产品电商发展与农业现代化和信息化息息相关，电商的发展迫切需要农产品加速品牌化、标准化，加速推进农产品物联网、云计算发展，大力发展精准农业和智慧农业，从而实现农产品质量的可追溯，数量的可共享，进而满足消费者对安全与质量的要求。农业生产经营主体理应依照电商的“C2B”模式要求，依照消费者的需求来对农产品的生产进行定制，按照市场的要求对生产进行规范，用电商最终实现对农业的深度改造与转型升级。

推动农村电商快速健康发展要落实五大理念

转变观念促创新。深刻认识到电商对农村经济社会发展的意义，在农产品电商、电商扶贫、乡村旅游电商、农资电商、电子商务进农村等农村电商各个领域深入探索，加快推进适合于不同主体、不同产业以及不同地区的农村电商模式的创新。

统筹协调促发展。既让城市的工业品和农用物质经由电商渠道下乡，也需要打通相关通道让农产品更为方便地进城；既要广泛地引进电商市场主体对农村的覆盖，同时也要重视培养本地电商人才以及企业的长远发展；既要注重农村电商主体的发展，同时也要注重相关配套设施的建设，进一步加固发展基础。

唱响绿色主旋律。把绿色发展的理念融入农村电商发展的整个过程，考虑当地特色产业的开发。不但要把绿色产品卖出去，还要带动绿色产业的发展，由单纯卖山货，到请消费者加入。

放开视野大开放。我们应该重视以开放的视野来发展电商，展现出“买全球、卖全球”的气概，充分让各个方面电商要素融入农村电商的发展，要看电商能否带动本地经济的发展，是否推动了创业就业，是否惠及百姓，不要局限于电商企业是否在本地注册，是否能够缴税等。

成果共享惠民生。要将老百姓得实惠看作农村电商发展的重要标准，不在乎引进了多少家电商企业，不在乎开了多少家网店，是否建设了电商园区，布局了多少的站点，这些都无法实现农村电商的蓬勃发展，而是要看老百姓在整个过程中是否享受到了应得的利润，生活是否更为便利，农产品是否卖得更好，老百姓是否轻松地加入这个过程中，农村的发展是否更协调。

农村电商拥有无限的潜力

随着城市电商竞争的日益激烈，网络越来越普及，农村消费水平不断提高，农产品生产销售模式不断转型，农村即将成为下一个至关重要的电商蓝海市场，未来发展让人期待。

阿里研究院院长高红冰说：“农村的市场是一个新的蓝海市场，我们发现在整个网购现象的背后，其实在三线、四线、五线、六线城市的分布是超过了一半的，所以未来的一个新的增长点就在这块儿。”

农村电商是新的经济增长点

如今，农村居民能够接受网购模式程度高达 84.41%；人均网购金额在 500 ~ 2000 元，依然有很大的增长空间。我国网购市场规模超过 1 万亿后，城市网购市场增速慢慢放缓，农村市场成了电商下一轮增长的新核心。

2013 年第一个季度，淘宝网农村订单金额比例为 8.65%；到了 2015 年第一个季度，淘宝网农村订单金额比例为 9.64%。2015 年，农村网购市场已经超过了 3500 亿元，增长速度是网络零售市场的 3 倍。2016 年，农村网购市场已经超过了 6000 亿元，它与城市网购规模之前的差距在进一步缩小。

农村电商的潜力在哪里

第一，农村电商前景广阔。农村电商起步较晚，2010 年村镇农村电子商务交易总额只有 209 亿元，只占实体交易总额的 0.07%。但随着农村消费水平的提高、农村物流体系的不断改善、农村信息化的普及，农村电商增长空间越来越大。

第二，农村电商消费具有新生性。有研究显示，消费者通过网络零售消费的 100 元中，有 61 元是替代性消费，也就是从线下消费转移到线上消费；剩下的 39 元则是因为网络购物所带来的刺激性而产生的消费增量。在三线、四线的县城，网络新增消费更是超过了 57 元，拉动消费作用显而易见。目前假冒伪劣产品在农村横行，有很多产品是农民想买却买不到的，进城买却又不划算，因此具备很大的消费潜能。某些农村已经出现了为村民网络购物的淘宝代理人，更是从侧面印证了这一点。

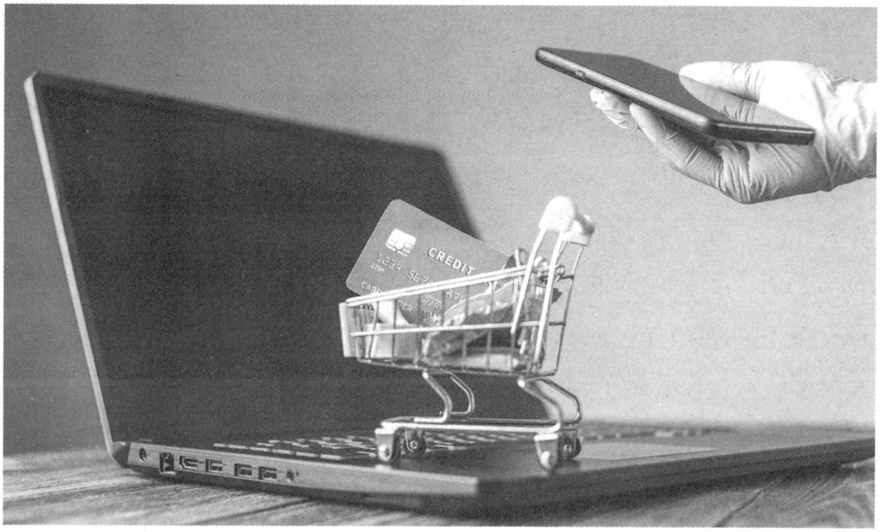

第三，农村电商发展具有非均衡性。如果说传统产业发展要遵循产业规律，中西部地区的发展需要依靠产业梯次转移，那么农村电商的发展完全打破了这些规律。阿里研究院公开的第一批淘宝村和第一批县域发展的案例中，有不少案例来自非改革开放沿海地区和非经济发达地区。在第一批县域电商的案例中，河北的清河处于内陆地区，浙江的遂昌和甘肃的成县均位于山区。阿里研究院分析后发现，从 2010 年开始，县域电子商务已经从华东“单极增长”（代表为江浙地区）阶段发展到华中、华南、华北、华东的“多极增长”的新阶段。电商突破了地域的限制，这也是很多县域看好电商的关键原因。

陕西的武功县按照“买西北、卖全国”的思维，成功地打造出了西北区域农产品电商中心。该县在两年时间内实现了近 10 亿元的网上销售额。

第四，农村电商创业主体具有年轻化的特点。青年是最有干劲的创业群体，很多青年返回家乡后用电商创业，为农村电商注入了一股清泉，使农村电商焕发出活力。

《“新三农”与电子商务》一书显示，农村网商年龄处于 20—29 岁所占比例为75.9%，年龄处于30—39岁所占比例为18.6%，两个年龄段合在一起所占比例约为95%。调查得知，如果青年能积极踊跃地加入电商，那么当地的电商会活跃很多。虽然期待农村电商像“淘品牌”那样暴风式增长并不现实，但我们可以确信，以年轻人为主体的农村电商创业群体一定会不断扩大，新一批现代电商企业将如雨后春笋般出现。

第五，农村电商的发展具有产业再造性。随着农村的发展，电商不仅融入了传统的产业，影响着农村的产业，还催生了新的产业，这是农村传统产业模式做不到的。

电商运用科技手段和现代信息技术对系统性产业链进行改造，对农村生产方式产生了深远的影响。此外，电商由之前盲目的生产逐步转向根据市场来定位，拿到订单再生产，以避免卖不出去的问题。电商促进配套的生产、加工、储存、物流、电商服务业的发展，创造了不少的就业机会，带动了县域经济的发展。

农村电商的发展模式

2009年以来，农村电商数量呈现井喷式增长。电商的迅猛发展，限制农村电子商务发展的因素也越来越少，农村电商的发展空间将更加广阔。

在阿里巴巴零售平台上，2015年网店销售额超过1亿元的县域有350多个，其中位于中西部的有120多个。2014年，从县域发出或县域收到的包裹总量超过45亿件。到了2015年，包裹总量已经超过70亿件，创历史新高。

农民个体电商创业热潮

不少返乡农民工、大学生以及部分大学生村官，通过电子商务平台销售农村的特产。2013年，在天猫和淘宝平台上，注册地位于农村的网店有200万家之多。

全国百佳网店“山之孕”特产店的创始人杜千里，家在河南辉县上八里镇杨树庄，家中多年是贫困户。他研究生毕业后返乡，利用一根网线，将太行山山区的野生药材、绿色农产品等销售出去。2011 年，他创收 150 万元，既满足了村民销售农产品和增加收入的需求，又满足了城市人对绿色食品的需求。

淘宝村：协同效应和规模效应

一大批村庄通过电商实现了经济的大跨越，“淘宝村”就是其中代表。“淘宝村”是指某一村庄里有大量网商，他们以淘宝为主要的交易平台，出现协同效应和规模效应的电子商务生态现象。判断一个村庄是否为淘宝村的标准如下：第一，创办人。农村网商是自发形成的，即农民自己开网店，而不是企业开网店。第二，规模。网商数量在当地家庭户中所占比例需超过 10%，且电子规模超过 1000 万元。第三，协同。应具备一条完整的产业链，即生产、存储、加工、包装、物流一条线。阿里研究院的《2016 年度中国淘宝村研究报告》显示，2016 年我国淘宝村已经多达 1311 个，淘宝镇多达 135 个，遍布 18 个省份，提供了 84 万个就业岗位，一年的快递量高达 7 亿件。

浙江义乌青岩——中国第一淘宝村，总人口低于 2000 人，但淘宝网店有1000多家，金冠店有两家，皇冠店有数十家，每年成交额高于20亿元。

以县域为单元的电商新经济

阿里巴巴于 2014 年 7 月主办了全国第一期县域经济与电商论坛，并公布了县域电商模式，这标志着县域电商进入了全面发展时期。以小商品批发而闻名的浙江省义乌市，实现了在网上再造一个义乌的转型。2013 年注册地在义乌的淘宝卖家（其中包括天猫商城）多达 10 万个，这已经超过了义乌国际商贸城的商户数量，成了义乌最大的商人群体。该地电商交易额为 856 亿元，同样超过了实体市场。

浙江省遂昌县在市场信任度低、农产品标准化程度低的背景下，政府主动承担违约风险推动电商发展。2012 年，该县实现电商交易额 1.5 亿元的业绩。2013 年 1 月，遂昌馆在淘宝网上线，出现了以农产品为特色、多品类协同发展的“遂昌现象”。武功县——陕西第一批电子商务示范县，提出了“买西北，卖西北”的县域电商发展思路，建设电商园区及配套的电商服务平台，吸引 168 家电商企业入驻，落户的快递企业达 40 多家，上线的淘宝店铺超过 1200 家，微商超过 2800 个，平均每天网上发货量约为 5 万单，成为县域经济发展的一大特色。

农产品电商企业所创造的营销神话

在“淘品牌”依附电商平台创造神话的同时，农产品电商企业也开始崭露头角。

安徽三只松鼠电子商务公司，上线只用 65 天就占据了淘宝天猫坚果行业第一名的位置。成立一周年的时候，营业额高达 3 亿元；2015 年 11 月 11 日，销售达 2.5 亿元，创造出了独树一帜的农产品电商奇迹。陕西土生土长的农产品电商企业——熊猫伯伯，原来是一个批发市场，主要经营绿色无公害农产品、特产食品以及进口休闲食品等。采用“全网络营销＋自建平台”模式，2015 年营业额接近 1 亿元。

农村电商在这四个方面所取得的成就说明了一个问题，那就是电子商务已经在农村“安家落户”，正在由农民个体的自发行为转型为政府推动下的经济发展浪潮，发展前景广阔。

为什么电商下乡会成功?

虽然农村电商发展势头良好，但也不是人人都看好它，也有不少人对其持质疑的态度。长期以来，人们对县以下消费市场存在偏见。事实上，农村消费市场也正迎来全面升级的历史新机。

电商在农村有着广阔的发展前景，电商下乡成功至少有以下四种理由。

农村生产生活商品化程度全面加深

现如今的农村，自给自足的经济基本已经消失，农村生产生活商品化程度不断加深，这给电商的发展带来了一定的空间。如果说城市的父母早就不再为孩子做鞋，现如今，农村也正在与这样的习惯挥手告别。很多农村女孩儿背井离乡，成了城里人，她们不会再像自己的母亲一般，辛辛苦苦地纳鞋底、缝制棉衣。可能再过数年，唐代诗人孟郊《游子吟》中脍炙人口的“临行密密缝”会让孩子们感到困惑，而很多散文家笔下的寄托母爱的一双布鞋也许在数年后成为稀罕物，这还是农村生活变化的一个小小细节而已。如今，农村的孩子的生活用品同样无不是城市下乡的工业品。消费空间很大。那些正在城市中为生存而努力的二、三线消费品牌，如果能早点儿认清形势，早点儿下乡，就可能早点儿找到新的发展空间。

农村消费蕴含巨大商机

如今农村市场低迷，有一部分原因是农民买不起，另一部分原因是买不到。在市场经济日渐发达的今天，城市、乡村的消费市场依然有很大的差别。走在农村的集市中，假冒伪劣产品触目皆是，康师傅变成了“康帅傅”，喜之郎变成了“喜大郎”，泸州老窖变成了“泸渊老窖”，等等，还有大量“三无”产品以及过期食品。有不少品牌是专门为农村而打造出来的。近些年来，一部分研究者经常把农民的农业收入低与农民的家庭收入、消费水平联系起来，却不知道城市收入的反哺才是农民收入的最大来源。随着农民收入水平的不断提高，他们的消费需求也不断升级。尤其是那些农村里比较富裕的群体，想要满足消费需求，就必须进城。而电商正好能够突破这个局限，以满足农村不同消费层次的需要。比如，国家取消家电下乡的政策补贴后，电商下乡中的大电器依然畅销。

模仿型排浪式消费农村才刚开始

城市的模仿型排浪式消费正要完结，但是农村的才开始。电商在城市的畅销，最终转化为以消费者为中心的个性化消费。以前人们穿衣

服唯恐过时，如今穿衣服唯恐没有个性。同时，在传统意识中的几大件普及之后，城市新的消费增长点呈现多元化发展，排浪式消费即将终结，这是大量商家无法适应潮流的根本原因。不是生意难做，而是生意不能像之前那样做了。值得注意的是，农村的消费增长才处于初期阶段，这点从农村婚嫁时的陪嫁品就能够看出来。与此同时，多次进城和返乡，农村人开始效仿城市人，品牌消费正在逐渐起步。譬如，在农村电商村级服务站点，经常会上演这样的场景：一个农村妇女买后称赞不已的衣服，经常会有其他妇女相继购买同款。

农村妇女“败家”能力不可低估

电商中流行一句话，“商品卖得好不好，关键看能否抓住女人的心”。第一，要抓女人的本身。一年四季，女人的形象各不相同，其中暗含的消费需求惊人。第二，要抓住女人的孩子。一天一变样的孩子，消费需求自然不低。第三，要抓住女人的亲人。包括老公、父母等。有时候看女人是否有心，就看给对方买了多少礼物。勤劳而节俭是传统美德，但这并不意味着她们不愿意消费，尤其是在生活水平日益提高的情况下。

以浙江遂昌为例，自从电商入驻后，县域内人均年消费额提高了约1000元。至关重要的是，农村妇女在生产生活中处于绝对的主导地位。“80后”成为新一代农村媳妇后，农村电商也有了迅速增长的空间。

电商下乡风潮涌动

目前，一种新技术、新模式、新业态的“互联网＋”应用在农村全面展开，它突破了常规，力求创新，确确实实地影响了人们生活和生产。在这种大环境下，再加上政府的支持，电商下乡潮涌现。

“天下熙熙，皆为利来；天下攘攘，皆为利往。”不少知名电商企业都不约而同地入驻农村市场以争取市场份额，抢先占据农村市场。各路英雄豪杰涌现，这必将推动农村经济的飞快发展。

阿里巴巴的“千县万村”计划

作为我国电商化的先行者，阿里巴巴一直是电商行业的潮流导向。在布局农村电商市场方面，阿里巴巴再次走在趋势的最前端。阿里巴巴在 2014 年年初浙江县域电商峰会上宣布启动“千县万村”的计划，目标就是将阿里供应链具体落实到新的农村市场。阿里研究院院长高红冰说：“农村的市场是一个新的蓝海市场，我们发现在整个网购现象的背后，其实在三线、四线、五线、六线城市的分布是超过了一半的，所以未来一个新的增长点就在这块儿。”

阿里巴巴的终极目标就是“千县万村”，这也是他们的愿景。阿里巴巴将投资 100 亿元，在接下来的 3 ~ 5 年时间内建立县级电商运营中心 1000 个以及村级电商服务站 10 万个，让电子商务网络覆盖全国农村地区的六分之一和县区域的三分之一，从而最终形成一个较为完善的电商生态体系。

京东的“3F 战略”

2015 年是农村电商发展的元年，不光阿里巴巴忙于农村电商的规划，京东也将战略眼光放在我国广阔的农村市场，它公布了农村电商的“3F 战略”。京东的“3F 战略”包括三个部分，即农村金融战略、生鲜电商战略和农村战略。

县级服务中心和京东帮服务点是京东农村电商战略最为重要的两大模式。县级服务中心使用的是京东自营模式，提供营销推广和代购服务，还肩负招募乡村推广员并对他们进行培训的责任。京东帮服务店则采取整合社会资源的方式来建立，主要是针对那些大型家电，为农村用户提供营销、配送、安装、维修以及保养等服务。到了 2015 年 4 月上旬，京东县级服务中心已经超过 100 多家，服务范围已经涵盖 100 多个县市，10000 多个村庄；京东帮服务中心有 400 多家，服务范围有 10 万多个行政村。

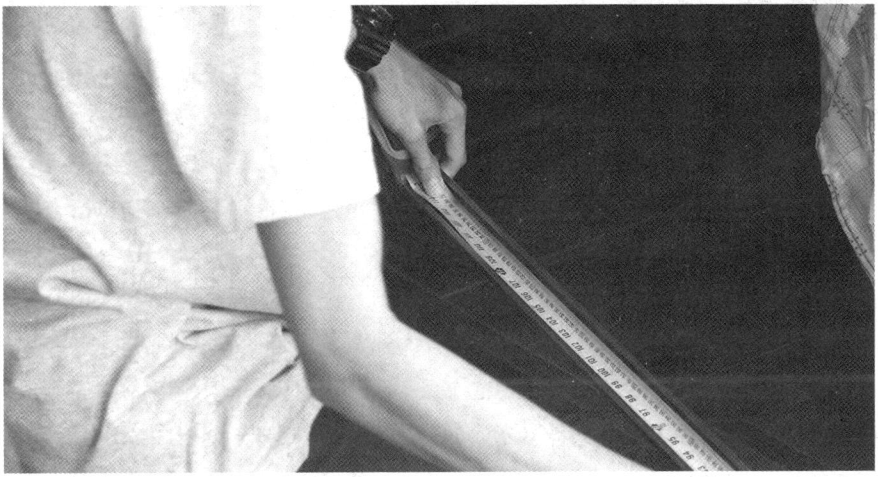

苏宁的“中华特色馆”

在苏宁农村电商的 O2O 布局中，苏宁依靠“中华特色馆”将农产品运到城市。各地特色农产品通过苏宁线上线下相结合的模式实现中转和销售。苏宁农村在当地提出了“四个当地”的策略，包括销售、纳税、服务和就业这四个方面，这也是其他电商企业难以与之匹敌的。

腾讯的“筑梦新乡村”计划

腾讯的农村电商还有一个听上去十分美好的名字，叫作“筑梦新乡村”。作为社交电商领域的龙头老大，腾讯认为连接是“互联网 +”的基础。在农村电商的浪潮中，腾讯对自己的定位就是“做一个连接器”，通过互联网将乡村社区、文化以及经济相连接起来，从而实现“互联网 +”的乡村经济。而腾讯网通过互联网整合平台、设计、渠道等资源来提升乡村特色产品的品牌度，从而增加村民的收入。

联想的“云农场”

联想控股于 2015 年 3 月 19 日公布了对“云农场”的战略投资，这是联想集团第一次将注意力放在农村电商平台上。联想控股的发展战略之一就是投资云农场，这属于联想发掘平台级别公司的一部分。它接下来的农业投资方向是农村物流、金融、生产资料下乡以及生物技术等。

联想的“云农场”上线后，几百家知名农资企业很快就在其平台上入驻，上千农资品牌上线。同时，联想的“云农场”在极短的时间内就拥有了200多家的县级服务中心以及超过16000个村级站点，从而真正覆盖了华中、华东区域十几个省的市场。

顺丰农村电商O2O

顺丰最近几年来在内部设置了扶持基金，激励员工到华北、华西、华中三、四线以下的乡镇地区开设代理站点。顺丰公司负责员工培训和代理商的资质审核工作。第一批代理站点于2014年5月投入运营。顺丰还打算在全国开办3万家O2O连锁体验店。这些便利店采取自营模式，对物流的色彩进行淡化。电商O2O线下入口由居民消费能力较强的地区抢占，与此同时，顺丰还推动华北、华西、华中三四线及下面的乡镇地区的O2O融合。由此可以得知，顺丰“快递+便利店”具有进步性的物流模式，不但在经济比较发达的高档社区异彩纷呈，同时为经济实力不足的电商建设保驾护航。

在经历了工业化和商业化两个阶段后，我国城镇化进程迎来了前所未有的信息化时代。在不久的将来，在农村，互联网普及程度越来越高，与之相对应的是，互联网对人们生活生产的影响力越来越大。大型电商平台和资本巨头相继在农村布局便印证了这点。

农村电商必将蓬勃发展

在“互联网+”的浪潮中，不少企业把注意力放在了有着庞大人口基数以及无限潜力的农村市场，城市高负荷的消费承载量已经无法满足电商巨头们，而农村是一块未经开垦的处女地，有着无限的商机和大好的市场前景。

2015年下半年以来，随着农村电商的发展，新一轮创业热潮出现，众多民营企业纷纷加入，甚至大量互联网巨头也表现出了对农村电商的兴趣。除了阿里巴巴外，苏宁和京东等有巨大实力的企业也纷纷加入。

在短短 4 个月的时间内，京东开了 400 多家京东帮服务店，为农村大电器提供销售、配送、安装以及维修等服务。与此同时，苏宁直接宣布将在全国开设 1500 家“苏宁易购服务站，率先覆盖一批经济较发达的县级和镇级市场”。

国家政策对农村电商的扶持

2016 年年初，一大批扶持政策惠及农民，国务院接二连三地出台了与农村电商有关的重要文件。与 2015 年的文件相比，2016 年的中央 1 号文件进一步地推进了政策的实施，并为农村电商提供了有效而可靠的保障。

互联网已经渗透、融合到各行各业，同时促进了各行各业的升级转型。在十二届全国人大三次会议上，人大代表们提出了“互联网 +”战略，这时，“互联网 + 农业”也顺势出现了。国家明确地指出，推动经济发展的新动力之一就是大力发展农村经济。而“实现村村直接通邮”，将村与村彼此隔绝闭塞的状态打破，这是在未来五年计划实施的 100 个重大工程及项目中提出的。从 2017 年中央发布的 1 号文件中可以看出，国家十分重视农村经济的发展，还给农村电商的发展提供了政策保障。所以，我们完全有理由相信，在国家政策的大力扶持下，农村电商必将蓬勃发展起来，市场前景也会更加广阔。

农村电商前景广阔

如果五年之内保证所有的农民都能上网，其中一半人能够网购的话，那么一定会产生两个增量。如此一来，再过几年，一个宽阔的农村电商消费市场就会出现。此外，农村电商的下行不仅仅是消费品，还有生产资料的下行（如种子、农药等）。这种生产资料下行从 2016 年开始销量猛增，农民购买商品的中间环节减少了，交易成本降低了，得到的都是实实在在的好处。

锐厚科技于 2014 年成立，是一批纯粹的移动互联网公司。公司成立时，它的理念就是“让生活更美、让服务更优”，主要方向是通过先进的移动互联网技术来进行应用软件的研发，先后推出了“买菜么”“爱自助”两款应用工具，前者是针对餐馆后厨采购的应用软件，后者是针对餐厅会员营销的应用软件。现在它又悉心地研发出了“源产优品”这个软件，主要是协作餐厅流量变现的电商平台。看上去公司研发出了三个产品，但事实上，它只做了一件事情。

如今，公司的三大产品形成的生态系统是完整的闭环模式，它的入口是餐厅，并覆盖了餐厅经营的前、中、后三端。在不久的将来，这套体系还会应用到线下实体经营，如美发、美容、服装等领域。

源产优品目前还无法与阿里巴巴、京东等电商巨头竞争，但它有自己的特色。它专注于为传统农产品企业提供全方位、一站式的全网营销解决方案，满足农村市场需求，实现体验式消费、突破企业障碍、优化商业模式。源产优品创建以来，理念一直都是“让良心值钱”，用实际行动让“难得之货、不贵”这句话成为现实，使消费者真正地买到健康有机生态的农产品、特产。

对消费者来说，源产优品项目经营业态意义非凡。对家庭消费者而言，他们更关注食品安全，特别是“80后”“90后”，这部分消费者还是餐饮业和农产品零售业的消费主力。他们对农产品的价格并不是特别熟悉，但更在乎安全健康。而源产优品则一直向都市中产阶级传达“吃得安心、吃得好，交给源产优品，一切变得简单”这种生活理念。

国家发布的一些有关农业政策文件，努力地为农村的发展营造出最良好的环境，这也极大地推动了农村电商的发展，农村电商的未来可期。

农村电商最有价值的方向

互联网不仅是一种工具，更是一种崭新的生活模式。传统行业不约而同地向互联网方向转型，甚至农业也搭上了电商这辆顺风车，寻求新的发展。

互联网农业依靠电商平台、云平台、大数据等技术来实现社会资源的重组，省去农村产业链的中间环节，以解决传统农产品在交易过程中的信息不对称等问题，极大地提高了生产流通的效率。

专业人士甚至预测，未来农业领域将引领下一波上市潮，成为主要投资行业。从目前的形势来看，我国农村电商模式大概分为六种：政府涉农网站、以淘宝网和中华粮网等为代表的网络平台、实体农产品交易市场网上交易平台、上市的期货市场网络交易平台、专业性涉农批发交易网站、零售网站。

农业市场规模大且比较分散，而生鲜产品对物流要求苛刻，渠道限制较强。因此，尽管很多商家已经将目光投向了农村电商这个潜力无穷的市场，涉农网站依然处于起步阶段，很多网站依然依靠补贴来吸引消费者，农村电商的市场并没有真正地被打开。

在电商之风吹向整个市场的时候，一大批农村电商如同雨后春笋般涌现了出来。其中既有成功实现农产品上行，让农产品进入城市的“皇冠”店铺，也有无人知道的“僵尸店”。经过一系列的努力，农村电商模式慢慢地走向成熟，基本上顺利地探索出了三大最具发展前景的方向：品牌化、O2O化以及社区化。

品牌化

农村电商最看重的是农产品的品牌化营销，由于品牌化程度不够高，阳澄湖大闸蟹、新疆大枣、赣南脐橙、金沙薏米等带有明显地域特征的农产品的销售受到了极大的限制，很多农产品依然处于售卖原材料的阶段。

调查显示，没有品牌的农产品一般难以获得消费者的认可。因此，农产品入驻电商平台之前，先要学会打造自身的品牌，再根据市场来进行品牌推广。品牌化战略有助于农产品市场的打开。“褚橙传奇”就是一个成功的案例。

“褚橙”是由褚时健栽种并经过细心呵护而得到的甜橙。褚时健为了迎合我国消费者的口味偏好，历经重重困难，培植出了大受消费者喜欢的甜橙，并将其命名为“云冠”，来向市场发售。但很多消费者只知晓褚时健培植出的甜橙不错，却不知道“云冠”甜橙。所以，“云冠”的销量并不好。

褚时健为了改变这个局面，打出了“褚时健培植的甜橙”条幅。

条幅一出来，橙子的销量猛增，这个时候，他用“云冠”来代替“褚橙”这个名字。慢慢地，“云冠”成为大受欢迎的冰糖橙品牌之一。

在“互联网＋”的浪潮中，农村电商的发展势如破竹。要想农产品利润长期呈现增长的态势，就要学会将农产品打造成独具特色的品牌，通过提高品牌价值让其在众多同质化的产品中崭露头角，并由此打开市场。在农村电商快速发展的今天，借助品牌化，农产品能够抢占市场，带来无限的可能。

O2O 化

线上线下相互融合，走 O2O 道路，这是未来农村电商的发展之路。这种通过电商线上线下和农业相互融合的崭新流通方式，将会为农产品的发展带来飞跃期。

我国农产品的发展一直受制于地理、地域等方面的因素。一般来说，地区越偏远，农产品的价却越低，农民也越贫穷。

互联网时代的到来，人们坐在家中就可以购买到农产品和生鲜。这种崭新的销售模式既为消费者提供了便利，也增加了农产品的销售渠道。传统的农产品销售模式正在发生改变。换句话说，互联网将生产者和消费者的距离拉近了，改变了传统农业的生产关系，为农产品带来了更多的市场机遇。

在互联网时代，谁拥有了流量，谁就是王者。农村电商已经站在风口浪尖上。对于涉足农产品的企业来说，如何掌握农村电商最有价值的发展方向，抢占市场先机，才是最重要的。

农村物流存在的问题

农村物流既是农业资源综合化应用的体现之一，也是一种产业链的组织生产方式，有着极其重要的意义。但是在当前的环境下，农村电商的物流上还存在不少问题，这些短板亟待解决。

根据国家统计局有关数据，农村市场中有约六成的居民觉得收快递、寄快递麻烦。物流配送成了让农村消费者伤脑筋的事情。虽然如今顺丰、邮政等大的快递企业已经在农村设点，但大部分集中在县城中心，而且店铺较为分散。我国农村地广人稀，特别是最近几年来农村由于城镇化而出现空心化，物流的问题就表现得更为突出。比如，在经济相对发达的浙江农村，无论是顺丰还是“四通一达”，几乎都无法覆盖到村。物流方面存在的问题严重地制约着农村电商的发展。

物流是农村电商的重要组成成分，其问题可以归纳为以下三个方面。

物流成本高

我国农村地广人稀，交通不便，道路设施十分不完善。2009年前后，国家施行“村村通公路”的战略，大大地改善了我国农村的交通状况。但是，“村村通”并不是“户户通”，而电商对“户户通”的物流配套要求十分严格。

收货点与收货点之间相距遥远，快递员需要花很长的时间才能将商品顺利地送到消费者手中。因此，不少快递公司不接农村地区的物流订单，如有些快递公司明确表示内蒙古、新疆和西藏等偏远地区不送货，不少淘宝卖家在商铺中明确标出一些偏远地区不包邮甚至不送货。农村物流成本高让不少快递公司踌躇不前，农村电商物流短板突出。

农村的空心化

在城镇化的推动下，农村的青年、壮年劳动力纷纷前往城市务工，但他们难以得到城市的认同。在户籍制度的影响下，农村留守老人和儿童越来越多，农村空心化现象明显。在日常生活中，老人需要依靠子女提供的微薄经济或者贫困救助来生存，没钱网上购物。调查发现，40岁以上的网购人群数量只占总人数的8.5%，而农村所占的比例更低。

互联网的“普惠”特点还未凸显

互联网是一种轻型的商业配套，能够将不同的行业链接起来，能够衍生出不少的商业模式，以及延伸出多种多样的管理模式。互联网具备了改造所有的商业形态并且重塑或者新建商业模式的能力，有着比较明显的“普惠”特征。农村电商还处于初级阶段，需要投入大量的物力和人力。比如，作为电商企业的标配设施之一——物流，初期需要投入大量的物力、人力。有些地方政府因此踯躅不前，导致“普惠”特点无法显露。

值得注意的是，各大电商巨头们不约而同地把注意力放在农村市场上，竭尽全力地去克服农村物流上的困难，争夺农村物流市场份额的“战争”烽火连天。

顺丰在全网布局，京东发力物流，阿里巴巴布局“菜鸟”物流，中国邮政开始接触电商，等等，电商以及物流巨头们早就瞄准了农村这个有着无限前景的市场。农村电商比拼的是物流，巨头们的争夺战也是围绕物流展开。2013年12月，阿里巴巴和海尔的合作让这场战争升级。阿里巴巴看重的就是海尔在物流上的优势，因为海尔在我国三线、四线、五线城市以及乡镇有着很大的影响力和完好的营销网络。日日顺物流已经在全国范围内建立了17000多家服务商网点、2800多个县级物流配送站、190000个村级联络站、26000多个乡镇专卖店、7600多家县级专卖店。有专业人士认为，甚至中国邮政都无法与日日顺物流相媲美。接下来几年，电商行业即将在农村市场围绕物流服务、供应商资源展开角逐战。

农村电商人才匮乏问题

电商市场是一个对实践性和操作性有着较高要求的领域，我国电商人才的培养模式无法满足当下电商发展的实际情况，有很多电商人才也不愿意下乡。这些都导致了农村电商人才缺失严重。

“电商人才”这个概念涉及面很宽，它包括电商的运营管理人员、实践人才、战略人才以及创新型人才。目前，农村电商极度匮乏一般实践人员，这是因为高层管理人员和一般中层管理人员一般都由电商企业直接任命。而普通意义上的操作人员——能够从事基本网络操作的人员——是目前农村电商迫切需要的人员。这部分人员需要去农村挖掘，但是这个挖掘过程是有一定的难度的。目前市场上有两个数据时常被提起：一个是整个电商行业的人才缺口，约为 150 万；另外一个是阿里研究院公布的，未来两年电商的人才缺口高达 200 万。然而，在教育部所公布的 2014 年就业困难的专业中，电子商务专业赫然在列。由此可见，电商人员的培养和市场真实需要并不匹配。

电商对人员实践要求比较高，包括资源整合、实践操作、管理运营、具体战略定位等。没有一定的经验的人，难以透彻地了解这个市场，找到一份适合的职业更无从谈起。与此同时，高校的电子商务专业理论性强、实践性差，有些高校电子商务教材已经落伍。在电商迅猛发展的大背景下，高校电商教育依然局限在传统的理论框架内，与时代脱节。

我国高校电子商务招生规模分为两个阶段：第一个阶段是 1999—2004 年。其间，高校招生规模不断扩大；另外一个阶段是 2004 年至今。招生规模稳定，高职高专的电商人员的招生规模达到顶峰后呈下滑的趋势。主要原因是，对于蓬勃发展的电商市场来说，这种培养模式节奏太慢。而本科院校的电商人才培养主要是针对科研。此外，高校的老师们也缺乏电商从业经验，导致学生对高校电子商务教师们的整体评价不高。

目前，农村电商还处于初期阶段，普通的运营人员匮乏，更不用说掌握先进技术的操作人员和电商战略人员了。即便有些电商人员理论、实战经验丰富，但他们也不愿意下乡。主要原因有以下五种。

农村电视市场处于初级阶段

农村电商处于初级阶段，管理、运营等工作并不需要配备专业人士，一些懂得网购的操作人员就能够满足村民的购物需求。因此，农村电商市场对一些高级电商人才没有太大的吸引力。

农村电商消费能力不强

青壮年是农村电商网购的生力军，而由于城镇化，青年人、中年人外出务工已经成了常态，家中只剩下留守儿童和老人。这些人消费能力不足，这在一定程度上降低了从业人员的积极性，导致农村电商人才流失。

农村电商从业人员薪酬不高

有关数据显示，男性网上购物偏向于家庭所用的小商品，而女性购物偏向于衣物、饰品等。与城镇居民购买的商品相比，农村居民网购有商品层次低、价位低、范围小等特点。农村电商网上购物覆盖面小，商品种类不全，消费市场不景气，工资水平低于电商人员的预期，他们的从业意向自然不高。

农村人口流动性较强

由于户籍制度、住宅、医疗、教育、就业等多方面的限制，农民工群体难以在城市中找到归属感。对很多农民而言，城市只是一个临时栖息地。如今，农民工断断续续地返回家乡从事农耕，人员流动较为频繁。作为一种新型的商业模式，电商需要从业人员的长期坚守和深度探索，而这种需求与流动性强的乡村人员产生了矛盾。农村电商因而出现了缺乏持久性的特点。

电商人才缺少沉淀

相较于传统行业，电子商务拥有资源整合效率高、商务智能化等优势。电子商务的从业人员一直尝试开发新技术，为消费者提供更好的服务。然而，农村电商目前既不具备这方面的技术，也没有这类型的需求。此外，因为基础薄弱、人才储备量不足等因素，一些农村虽然建立了电商体系，但无法让其发挥作用。而部分电商从业人员没有耐心去学习电商综合化的技术，更别说将其应用在农村电商市场上。

值得注意的是，各级政府和电商巨头已经注意到了这个问题，并着手解决。比如，阿里巴巴于2014年10月签署了“农村发展战略落地桐庐试点项目”，于2015年1月20日和桐庐县政府一起打造阿里巴巴农村电商培训中心。阿里巴巴凭借这一培训中心，开展了包括电商研修班在内的一系列培训活动。其他电商也不约而同地加入农村电商培训中，相信在不久的将来，越来越多的电商人才会走入农村，让农村电商焕发出新的活力。

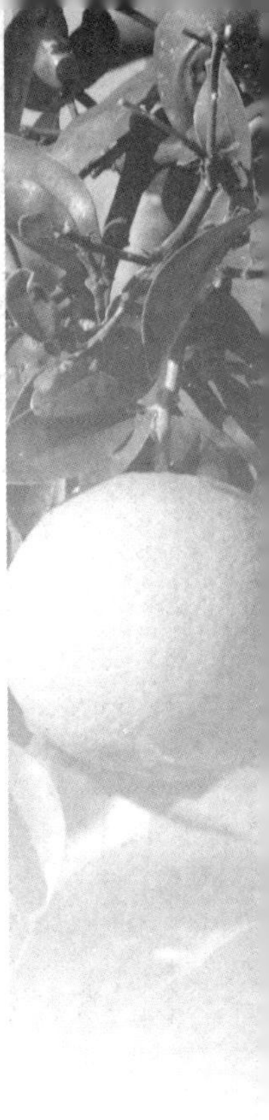

第三章
农村电商扶贫新举措

作为新兴的商业模式，农村电子商务发展飞速，商业运营模式日新月异。在各种新举措的扶持下，我国农村电子商务的发展走上了一条符合中国发展的特色之路，有助于村民消除贫困。

国家在电商扶贫方面的举措

贫困是一个世界性的难题，消除贫困是全世界人类共同的任务。改革开放40多年来，中国特色扶贫道路帮助超过7亿多人摆脱了贫穷，这是引人注目的减贫实践。但依然有一些角落被贫穷的阴影笼罩着。而电子商务的迅猛发展，为农村的扶贫提供了新思路。

对比一下国家近6年的1号文件，中共中央、国务院越来越重视农村电子商务的发展。

农村电商政策近些年的变化

国务院于2014年2月发布了《关于加大改革创新力度加快农业现代化建设的若干意见》，文件指出“创新农产品流通的方式”；2014

年9月，农业农村部、国家发展改革委以及商务部一同发布了《关于农业电子商务发展行动计划》，对农业电子商务的总体目标以及具体任务进行了明确，提出了具体落实行动20项。2017年，中共中央、国务院《关于深入推进农业供给侧结构性改革加快培育农业农村发展新动能的若干意见》从多方面强调“推进农村电商的发展”。2019年5月，财政部发布《关于推动农商互联完善农产品供应链的通知》，提出“以供给侧结构性改革为主线，按照乡村振兴战略总体要求，通过政策引导、市场参与的方式，推进农商互联，促进农产品流通企业与新型农业经营主体进行全面、深入、精准对接，打造上联生产、下联消费，利益紧密联结、产销密切衔接、长期稳定的新型农商关系，构建符合新时代农产品流通需求的农产品现代供应链体系，提升农产品供给质量和效率。”

电商扶贫的举措

第一，行政推进体系的建立。县、乡建立了完善的电商扶贫工作机构和领导机构，主要的任务是负责电商扶贫的顶层设计、工作推进、政策制定、检查考核、协调指导等，从而形成政府、协会以及驻村工作队一同推进电商扶贫工作机制。

第二，网站服务体系的建立，对电商公共服务中心、乡（镇）电商服务中心和其配套设施进行完善。这些机构负责为贫困村网店的开设以及运营提供策划、美工、培训、代运营、客服等专业的服务，对上下游服务链进行完善，对村级电商服务站的服务功能进行优化，创造出“一站带一村”“一站带多户”的模式。凭借创业孵化园和电商产业园，为贫困村电商提供创业孵化服务。

第三，重视产业扶贫，对贫困地区的产业创新发展进行积极引导。这对地区的经济的持续发展、实现“造血式”的脱贫意义重大，需要地方引入区域设计与打造、传播营销、品牌的打造等社会资源，为地方打造地域特色品牌、将品牌效应充分地发挥出来提供推动力，以电商为切入点刺激市场的发展，进一步拓展产业规模，形成以“特色扶贫小镇”为形式的农副产业、旅游业、服务业、建筑业等联动形式跨域产业经济共同体。

第四，电商人才培训体系的完善。发展农村电商，需要考虑的是怎样让种地的村民拿得起鼠标，这是政府开展电商扶贫工作中的重难点。制订培训方案、规划，将现有的培训资源进行整合，主要对象为返乡涉农创业者、种养大户、农业社会化服务人员、农民合作社骨干分子，主要的目标是提高生产经营者的专业技能与经营能力，开展农村全产业链培训，培养新型电商创业职业农民，推动电商扶贫政策的实施。

第五，网络、物流体系的建立，使贫困乡村宽带网络的建设速度加快。采用移动宽带与固定宽度相互结合的办法，使网络覆盖面进一步扩大，鼓励快递物流企业在贫困村设立服务站点以及通村客运，面对乡村进行小件配送，对物流体系进行完善、提高网货配送效率，突破城乡供应链“最后一公里”的困境。

第六，建立网货供应监督体系，从而为产品的质量提供保障。

第七，考核评价体系的建立。重点考核网店销量、网店数量、交易金额，帮助贫困村、贫困户线上销售农特产品，从而帮助贫苦户走上致富之路。

第八，问责机制的施行，全面加强扶贫资金项目的监管，有效地减少农村电商扶贫过程中违规行为的发生。

国务院扶贫办将脱贫作为主要目标，设立了“12317”扶贫监督举报电话，并对纪检监察、审计、民主党派开展的监督工作进行配合，接受媒体和社会的监督，将各个方面的监督结果运用到督查和考核评估中。与此同时，出台政府扶贫与省级党委开发工作成效考核办法、中央单位定点扶贫考核办法、东西部扶贫协作考核办法、组织省级间交叉考核、财政扶贫资金绩效评价、第三方评估以及媒体暗访，施行最为严苛的考核制度，从而通过考核激励先进、鞭策落后者，发现问题解决问题，有效地推进工作。

为了帮助农村走上致富之路，国家政府在电商扶贫方面思考颇多，推出一系列的政策，在这种机遇下，电商在农村发展中有了巨大的潜力。

电商就业扶贫

就业是民生之本，发展创业带动就业是保民生的重要举措。近些年来，随着电子商务的快速发展，农村电商也悄然萌发，支持农村电商的发展，打造就业平台，实现电商就业扶贫是大势所趋。

从 2019 年开始，发展社会经济的重中之重就是精准扶贫。如今，脱贫攻坚已经进入了决定性阶段。随着电商行业的蓬勃发展，优秀企业纷纷入驻农村，为乡村农业提供了电商平台，同时也解决了村民的就业问题，推动着当地经济的发展。

县域经济中传统行业模式下就业创业存在的问题

传统行业创业资金、技术和土地等问题突出。目前为止，资金缺乏是农村创业者所面临的主要问题，不少创业者因为资金缺乏而无法实现创业。另外，金融机构放款谨慎，并且有着烦琐的贷款程序。最后，土地供应不足，不利于项目的落地以及发展。

就业方面，劳动者和企业之间的各种矛盾不断。在劳动力资源普遍缺乏的情况下，企业尤其是劳动密集型企业缺乏工人已成为常态。如果企业缺乏规范的经验，就对劳动者没有吸引力，就容易造成人才的流失，陷入“招工—流失—再招工—再流失”的恶性循环中；另外，企业对技工的要求和劳动者素质偏低之间的矛盾；最后，新生代劳动力的高期望值与发展空间小之间的矛盾。

电商打造就业新平台

据国家统计局统计，2016 年电商经济规模已经达到 26.1 万亿元，截止到 2016 年 12 月，我国电子商务服务企业直接从业人员超过 305 万，由电子商务间接带动的就业人数已超过 2240 万。农村电商的蓬勃发展，各种“淘宝村”的不断涌现，越来越多的农村生产者向经营者转型，不仅促进了农村经济的发展，同时为创业带动就业提供新的支撑。

甘肃省广河县祁家集镇蔡王家村一位名叫李明的村民，今年25岁，10多岁的时候，因肢体肌肉萎缩无法正常行动，高中毕业后便在家待业。如今，在当地商务部门的帮助下，他与妻子在县城电商创业孵化园从事电商工作，做起了化妆品生意，一家人从此有了稳定的收入来源，摆脱了贫困。

电商产业的发展改变了传统商业的经营模式，同时也在改变着人们的就业模式。2019年，李明所在的广河县的电商销售额超过2.02亿元。据统计，广河县各类电商企业已经发展到200多家，解决了6000多人的就业问题。2020年，广河县商务部门大力地引进优质的企业，全力打造“电商＋工厂”的发展模式，以强有力的举措带动越来越多的人就业创收，来推动当地电商的发展，实现电商就业扶贫的目标。

电商就业扶贫存在的问题以及解决方案

不管什么产业，人才资源是最根本、最关键的资源。农村人员电商意识薄弱，运营知识不足，这是农村电商发展的瓶颈。目前，各地农村电商发展普遍缺乏电子商务行业的技术人才、运营人才、供应链管理人才、推广销售人才，现在从事农村电商的创业者还处于探索阶段。

怎样去解决上述的问题呢？健全农村电商人才培养机制，结合参加培训人员的实际情况，实行分级分类培训；灵活地运用培训方法，切实增强培训的效果。首先是强化理论知识讲座，聘请电商界的知名人士，通过专题讲座、培训班授课的模式，对参加培训的人员讲解业务知识、传授网络技能。其次，注重模拟实战操作。最后，提高销售人员的素质。

精准脱贫的重要意义在于“消除贫困、改善民生”，而就业扶贫便是精准脱贫的根本。根据当地产业特点和低收入户的现状，有计划地对其进行专业知识以及专业技能的培训，让电商成为“新就业”的主力军，从而推动当地经济的发展，实现就业脱贫。

电商金融扶贫

我国贫困人口很大一部分在农村，创新金融扶贫模式以及渠道，譬如“电商 + 互联网”的金融扶贫，大力推进电商金融扶贫，对于实现 2020 年中国全面建设小康社会的目标来说显得尤为重要。

政府的财政扶持和传统的金融扶贫，虽然能够在短时间内看到效果，但这不是长久之计。所以，扶贫工作可以借助电商的力量，能够有效地解决贫困地区的收入来源问题和农特产品的销售途径问题。

传统的金融扶持是指国家、政府通过金融机构向贫困户发放贷款的形式来帮助他们度过“经济危机”。这对于扶贫对象来说，无法做到精确筛选、资金不能快速到位，资金的来源和种类单一；贫困户只能短期脱贫，无法做到长期脱贫；等等。

电商金融扶贫的优势

传统的金融扶贫经常会受到空间和时间的限制，而电商金融扶贫就能够摆脱这二者的限制，使交易更加方便，成本也更加低廉。互联网的一大优势就是边际成本的递减，可以对线下网点覆盖不全的不足进行弥补，节省了不少线下实体店所需要的物力、人力和租金。电商金融运用灵活，不受时空的限制，资源配置更加高效。

传统的金融扶贫会造成信息的不对称，而电商金融却能对这个问题进行改善。电商金融依托于自身的特点，通过云计算和大数据，精准地将目标客户锁住，信息透明，运用信息技术对贫困人口进行分析，贫困群体不同，采取的措施不同，能够做到精准扶贫。

电商金融扶贫具备传统金融扶贫所不具备的造血功能。就传统金融扶贫来说，其扶贫都是短期的，这称不上是真正的扶贫。而电商金融扶贫资金来源广泛、资金量大、贫困地区通过电商平台来发展本地特色产业链，将生产、加工以及营销结合起来，如此一来，就业岗位增加了，也能让贫困户实现长期脱贫。

阿里巴巴于 2017 年 12 月开始将农村的脱贫业务转变为战略性业务，从电商、教育、健康、女性四个领域同县域展开合作，竭尽全力地去帮助村民探索出一条脱贫致富之路。仅 2017 年这一年，超过 20 个模范县在阿里巴巴的努力和支持下站了起来，阿里计划在未来 5 年的时间内投资 100 亿元，用在其开设的兴农脱贫频道，并启动脱贫基金，打开“脱贫 + 电商”的新模式。阿里巴巴正在搭建网络直通车，为贫困和农村地区的特色产品提供销售渠道，对村民的线上产品的销售提供流量支持，对网店经营费用进行减免，等等。阿里巴巴在 2017 年 8 月启动了兴农扶贫频道。在一年时间里，阿里巴巴帮助村民销售出了多达 49 亿件农产品，有 22 件销量过亿元的单品，上千件销售额超千万元的单品。其中，10 个模范县创造了 1.5 亿元的销售额，电商扶贫有着显而易见的成效，使村民走上了发家致富之路，并且带动了当地产业的发展。

电商金融扶贫同样出现了一些问题，譬如农村基础设施落后，并没有建立起完善的电商扶持体系；缺乏对农户的信用评级；村民不熟悉互联网金融产品以及服务。

电商金融扶贫应如何进行改进

现如今，电商金融扶贫已经帮助不少贫困地区脱贫，将传统的金融扶持的“供血”转变为电商金融扶贫的“造血”，将短期脱贫转为长期脱贫。但这与建设全面的小康社会还有一段距离。电商金融扶贫应该注意的是：第一，在农村建立较为完善的电商体系，注重人才的建设；

第二，对农村地区征信体系和设施建设进行完善；第三，建立综合性的农村信息金融服务平台。

农产品销售扶贫

产业扶贫的最后落脚点在于销售，而不在于生产。只有将农产品卖出去，把当地的特色资源转变成流通的货币，解决了农民的收入问题，自然能够实现脱贫。

中央财经委员会第一次会议于 2018 年 4 月 2 日召开。在会议上，习近平总书记明确提出，产业扶贫要在扶持贫困地区农产品产销对接上拿出管用措施。首次将帮助农民解决农产品销售问题提到一个新的高度。2020 年 3 月，习近平总书记强调，“要切实解决扶贫农畜牧产品滞销问题，组织好产销对接，开展消费扶贫行动，利用互联网拓宽销售渠道，多渠道解决农产品卖难问题”。

电商平台助力农产品的销售

在助力农村脱贫的过程中，电商平台依托于其强大的供应链，发挥着至关重要的作用。农产品电商化，对于农户来说，不仅实现了农产品升级，增加了销售渠道，还实现了农产品销售脱贫。

新冠疫情暴发以来，不少扶贫产业和产品都受到了冲击，甚至连成为国家地理标志保护产品的封开杏花鸡也被波及。“为了重振杏花鸡产业，我们从 2016 年到现在，投入了上千万元的扶贫资金，和当地的龙头企业合作，这几年发展迅猛。但受到了新冠疫情的影响，杏花鸡等扶贫产品销售困难，价格低。”驻县工作组副组长徐振健说。怎样去解决这个问题，从而降低新冠肺炎疫情给企业和农民带来的影响呢？在这个关键时期，驻县工作组在做好疫情防控工作的同时，积极联系中山市各个帮扶单位，开通线上订购平台，主动与多家农产品物流配送企业联系。在两周时间内，封开杏花鸡和鸡蛋等扶贫产品线上销售额超过 30 多万元，有效地解决了农产品销售的难题，增强了贫困群众的脱贫信心。虽然受到疫情的影响，总的销售量有所下降，但电商农产品销售势头不减，不仅为居民的菜篮子的供应提供了保障，还有利于贫困乡村的脱贫，从而振兴乡村经济。

农产品销售扶贫过程中遇到的问题

我国是一个农业大国，但全国各地种植的农产品并没有一个好的标准。而农产品的非标准化是销售过程中所面临的最直接的挑战。这需要先实现种植的标准化，从而让农作物实现高产量增收以及高质量增值，最大限度地提升产值。另外，实现农产品的可溯源。一给蔬菜上“户口”，将关于农产品生产的各种信息存到一个专属二维码中，包装好后贴上这个二维码，消费者就能通过手机查到该蔬菜的产地、采摘日期等。二为农产品建立田间档案，确保农产品符合标准并做到有据可查。最后，做到物流的标准化和包装的标准化。

2020 年是特殊的一年，新冠肺炎疫情在世界范围大流行，不少网购经验不足的用户纷纷转到线上，其中有那些平时在超市、菜市场购买农产品的中老年人，这部分消费“新势力”不可小看。所以，农产品电商商家应该抓住这个机遇，在脱贫的路上越走越远。

特色旅游扶贫

贫困问题是全世界都面临的一个难题，一直伴随着人类社会的生存和发展。由于自然和历史，我国各地区之间的经济发展不平衡，特别是改革开放之后，国内贫富差距越来越大。特色旅游扶贫是国家精准扶贫计划中一项至关重要的内容，是精准扶贫中的新引擎。

旅游业从业门槛不高，还能取得客观的收益，既与“大众创业，万众创新”的需求相符合，又与振兴乡村的时代主题相符合，通过发展旅游业，越来越多的贫困地区已经走上了脱贫致富的道路。

基础薄弱贫困地区的现实选择

通常情况下，具备以特色旅游进行精准扶贫的地区，有这些特点：历史上和前期经济发展不足，某些地区在长时间内处于低水平发展阶段；同发达国家相比，贫困地区的电信、网络、交通、电力等方面差距悬殊，不仅工业发展不足，服务业尚未起步，甚至连最基本的农业都难以实现健康地发展；资金投入低、技术水平低等现象严重。

所以，在这些工业开发不足，经济发展水平低下的地区，它们的

生态环境和文化环境等并没有受到外界的干扰，具备独特的自然景观和人文景观，拥有发展旅游资源的天然条件。与此同时，随着消费者对特色旅游的需求的增加，因地制宜地带动贫困地区发展特色旅游业，促进当地经济的发展，成为一条村民脱贫致富、自力更生的平坦大道。

“熊猫沟村”地处甘肃省甘南州夏河县达麦乡，是一个依山傍水的好地方，平均海拔高达 2780 米。4 年前，村里的领头人带领村民去西藏、云南等旅游业发达的地方去参观，学习他们在旅游业方面的经验。在这之后，村民们积极踊跃地投入甘南地区大景区的建设中，依托拉卜楞寺打造出了 5A 级景区的关键时机，利用天然的地理优势发展旅游业，从一开始的筹办藏族风格的农家乐到目前的开发攀岩基地和滑雪场，越来越丰富、多样的旅游资源让“熊猫沟村”的游客纷至沓来。用不了多长时间，6 米宽的柏油路就会修到村里，村子的旅游业的规模会进一步扩大。在 2017 年，旅游业给全村带来了 4000 多万元的收入，在极大地提高村民的物质生活水平的同时促进了当地经济的发展。

旅游扶贫存在的问题

第一，操之过急，一味地对其他地区进行模仿。某些地区为了加速旅游扶贫工作而直截了当地去模仿在这方面做得好的地区，修建一些与当地自然景观不协调的建筑，导致旅游项目缺少内涵等现象出现，既破坏了当地的生态环境，还使当地的资源失去了原有的特色。

第二，不考虑资源现状，一味地进行旅游开发。特色旅游扶贫至关重要的一点是当地拥有适合旅游开发的资源，但不少地区只看到开展特色旅游所带来的巨大经济效益，不考虑当地的旅游资源而一味地进行旅游开发，开发的旅游资源既与地区现状不相符，旅游文化内涵又单薄，最终惨淡收场。

第三，产品单一，核心竞争力不足。人们生活水平的不断提高，对旅游产品特色和内涵等方面提出了更高的要求，导致乡村旅游产品的同质化问题越来越严重，旅游产品内涵不够，核心竞争力不足，从而对消费者吸引力不足，这也是目前特色旅游扶贫中出现的一大问题。

第四，过度追求短期经济，造成了“临时性脱贫”。

第五，利益相关者利益失衡。

第六，基础配套差，对消费者没有吸引力。

第七，缺乏专业的经营管理人才。

第八，贫困户脱贫意愿不够强烈，积极性不强。

应对措施

第一，科学规划、合理布局；第二，注重对生态环境的保护；第三，融入创意和文化、打造出核心吸引力；第四，从长远角度来发展旅游扶贫；第五，成立旅游合作社，对开发商和当地居民之间的关系进行协调；第六，争取上级项目支持，对基础配套设施进行完善；第七，转变贫困户的思想观念。

第四章

农村电商主要模式及创新发展

农村电子商务在促进农村发展、增加农民收入方面发挥着越来越积极的作用。农业作为传统行业，更应该借助一些创新模式，让农产品以更简单、直观的形式面对消费者。

B2C 模式

在 B2C 的模式下，商家利用互联网平台将商品卖给消费者，利润主要来源于商品进销价格差。而成本主要是指入驻平台的费用和推广费用。它需要平台流量和商品供应链都保持在一个较高的水平上。

B2C（Business to Consumer）模式指从商家到消费者的模式。它的运营模式有三种：第一，收取服务费；第二，会员制，根据服务范围和方式的不同来收取会员费用；第三，降低价格，增加销售量，以价格优势来吸引网上买家，提高点击率。

B2C 的三种模式

商城类 B2C，代表为天猫。天猫的运营是依靠完善的服务监管系统和强大的流量，以吸引生产商和品牌商家入驻。但天猫商城并不参与产品的销售，几乎没有自营的商品。

综合类 B2C 平台，代表为京东、1 号店。这类平台以自营为主，通过规模化的采购以降低商品的单价，效率高是其核心竞争力。京东在初期阶段主要销售 3C 电子产品，随着经营规模的不断扩大，京东不断综合化，慢慢开放平台吸引第三方入驻。

垂直类 B2C 平台，代表为中粮我买网、沱沱工社。垂直类电商主要集中在某一个行业大类，进行销售或者对市场进行细分和深化运营。这类平台有着较强的专业性，主要是针对那些有着较为明确目的的消费者，但商品品种较少。为了维持经营，就必须对品类进行扩充。

中粮我买网在前期阶段主要经营粮油、干货等自产的商品，一段时间后，中粮我买网慢慢转变为以食品类为主的 B2C 平台。中粮我买网通过垂直的 B2C 的模式，对消费者进行直观的品牌输出，将中粮整体形象和单个品牌融合在一起，加深消费者对中粮旗下品牌的认知，并进一步认可中粮整个后端供应链。

营销策略

第一，剔除。在B2C电子商务模式中，很多人都觉得“库存和物流”是不可或缺的。那么，到底能不能剔除这两个高成本的环节？很多人的第一反应是不能，其实一切皆有可能。目前已经有电子商务网站将这两个环节剔除了，方法包括销售信息类产品，整合相关资源销售实物类产品。

第二，创造。大多的B2C网站内容都是关于产品销售和产品展示的，比较单一，很难让顾客产生兴趣。购买者在面对大量的同类产品时，大多比较盲目。如果他们能够得到合理的导购信息，能够如愿购买到自己心仪的产品，那么他们肯定愿意继续在这家网站购物。很多时候，客户买的不仅仅产品的本身，还有附加服务。在人性化的导购信息的帮助下，客户不仅能够快速地了解产品的特点，还能对这家网站产生信任感。大部分购物网站都缺少购物文化。那什么是购物文化？就是在购物网站上营造一种氛围，让用户认为在网站上购物就是一种享受。

第三，仓储物流服务。随着电子商务的日益蓬勃发展，物流配送系统日益完善，出现了供不应求的局面。在最近几年，仓储物流行业十分火热，这类企业包括物流配送、代发货、仓储、配送跟踪、终端消费者退货投诉处理等。而一家较为全面的仓储物流公司还会为供应商提供详细的物流解决方案，如低成本的配送选择、高效的配送方案等。而这类企业主要集中在像北京、上海等一线城市。

第四，增加支付方式。很多B2C网站只是选择两种到三种较为简单的支付方式。事实上，支付方式是不是方便，直接关系到用户的购物欲望。很多消费者购物纯粹是一时冲动，如果在购买的过程中遇到一些不便的话，他们就会理性起来而选择放弃购物。因此，支付方式越便捷，就越对B2C销售有利，这点至关重要。

中国的SP行业现如今发展如此之好，最主要的原因就是，其有着非常便利的支付方式。如果SP服务都需要去邮政汇款来支付的话，那么它就不可能有今天的市场。

C2C 模式

C2C（Consumer to Consumer）模式是指个人与个人之间进行交易的电商模式。在 C2C 的模式下，双方买卖依靠第三方平台进行商务交易，第三方平台并不参与交易，但承担监管工作。

一个消费者拥有了一台电脑，通过网络平台来做生意，将商品卖给另外一个消费者，这种交易类型就是 C2C 电子商务。

C2C 平台的典型代表是淘宝网，淘宝网目前占据中国 C2C 领域 60% 以上的市场份额。毋庸置疑，淘宝网在 C2C 平台领域的领先地位稳如泰山。但是，淘宝网在享受这份荣耀的时候也不得不承受其压力。淘宝网在荣耀和压力之间努力前行。如果在传统行业，淘宝网完全可以无忧无虑，但是在变幻莫测的互联网领域，想维持这种优势并不容易。早在 2006 年 5 月，淘宝推出招财宝的理财平台并不受大众欢迎，马云便意识到了淘宝网的市场正在被挑战，竞争对手开始挑战淘宝网的权威。

领先成了压力。前途渺茫，后面有追兵，没有人能够指路，迈出的每一步都如履薄冰，也许能走出一片天地，也许一无所获。淘宝网在 2006 年到 2007 年一直在创新，对口碑网进行收购，并推出了分类信息，发展品牌商场，将交易的视野扩展到全球……这些尝试、创新能够给淘宝带来多大的收益，难以说清。但是淘宝网却通过这些明白了一个事情，那就是什么是能做的，什么是不能做的。

对于淘宝网来说，保持领先地位还需要投入巨大的资金。不管之前马云说投入 20 亿元的资金是否成了现实，但一个不容置疑的事实是，淘宝面临着越来越大的资金压力。淘宝开始不声不响地对入驻平台的用户、品牌收取服务费，在资源上倾向这些商户。可见，淘宝网已经无力承担巨大的资金压力。

拍拍网同样在我国 C2C 市场处于领先地位。拍拍网于 2006 年 5 月发布了“蚂蚁搬家”，这让淘宝网不得不正视这个异军突起的竞争对手。拍拍网于 2007 年 3 月正式对外公布其在线商品数量已经突破千万，成为行业的领先者，而这距离其正式运营不过才一年时间，其成长速度迅猛得让人吃惊不已。

拍拍网的迅猛发展让中国的 C2C 市场格局悄悄地发生变化，在线商品数突破千万，这让拍拍网距离淘宝网更近一步。根据 Alexa 世界网站排名，我们可以看到拍拍网在国内 C2C 网站流量一直稳居第二的位置。商品和人流量是考验购物网站的两个重要指标，这意味着 C2C 的产业格局正在悄悄地发生改变，拍拍网和淘宝网两峰对峙的局面很可能取代三足鼎立的传统格局。

C2C 的购物流程

网上有很多 C2C 网站，其购物形式相差无几。一般来说，第一步是搜索。搜索有几种方法，首先要明确搜索词，在搜索框中输入要购买的商品，然后点击回车键，或者点击“搜索”就可以查到相关资料。其次要用好分类。不少搜索框下面都有下拉选单，诸如销量、价格、店铺、筛选等选项，这有助于你更好地找到自己心仪的商品。此外，我们也要巧用空格，想用多个词语来进行搜索时，要记得词语间加上空格。如果想要精确搜索，要记得使用双引号。比如，搜索“华为手机”，它只会搜索到“华为手机”这四个字连在一起的界面的商品，而不会搜索到如“华为 mate30”之类的商品。使用加减号，在两个词语之间使用加号，就意味着精确地搜索包含两个词的内容。与之相反的是，使用减号，就意味着避免搜索减号后面那个词。

当我们找到需要的商品后，第二步是联系卖家。我们在看到自己喜欢的商品的时候，可以先和卖家取得联系，这样就能够了解关于商品更多的信息。与卖家多沟通，能够避免误会，如发货时间、折扣等。我们既可以发站内信件给卖家，还可以给卖家留言。

了解要买商品的具体信息，与商家达成共识后，就可以购买了。最后一步是评价。当我们收到商品后，可以确认收货，并对卖家的服务作出评价，这是属于消费者的权利。如果对收到商品感到不满意，还可以申请退换货。

B2B 模式

B2B 模式是电商中历经时间最久、发展最完善的商业模式，能够给人们带来很大的回报。这类模式主要是为零售商或者批发商提供便利，能够节省采购和运输成本。

B2B 模式（Business to Business ），是一种企业到企业的模式，它们之间通过互联网进行信息、服务和产品交换的营销模式。

B2B 模式的现状

传统企业之间的交易常常会消耗大量时间和资源，不管是销售、分销还是采购都会增加产品成本。通过 B2B 的交易方式，买卖双方在网上就能够完成整个业务流程——从印象的建立，到比较各个商家的价格、讨价还价、签单、交货，最后到客户服务。互联网的普及和延伸性让企业的活动范围扩大，企业发展不仅实现了跨地区，还实现了跨国，成本却更低。孤军作战的时代已经成了过去时，企业与企业之间建立起合作联盟已经成为时代发展的趋势。互联网的发展让信息的传递畅通无阻，企业与企业之间可以通过互联网在市场、经营和产品等方面展开合作，形成垂直、水平形式的业务整合，以运作、规模、实力真正实现全球运筹管理的模式。

B2B 模式的典型代表有阿里巴巴 1688 批发网。阿里巴巴于 1988 年 12 月建立了 1688，它的应用群体是中国的小企业，旨在向它们推荐全球最大的采购批发市场，从而来解决小企业采购批发困难的问题，以提升小企业的竞争力为目的。1688 是全球企业与企业之间（B2B）电子商务的知名品牌，汇集了大量的供求信息，是全球首屈一指的网上商人社区和交易市场。它是第一家拥有超过 1400 万网商的电子商务网站，覆盖了 220 个国家地区，成为全球商人网络推广、扩展市场、销售产品的第一选择网站。

阿里巴巴致力于打造全球最大的批发市场，据了解，阿里巴巴买下 1688 域名，将其定位为“网上批发大市场”，这属于阿里巴巴推出的“广货赢天下”计划，面向的群体是一切能够提供现货、以批发为主的批发商和生产商，阿里巴巴将会投入大量的资金进行广告推广。

B2B 模式的优势

企业间电子商务的实施既降低了企业的成本，又增加了企业的收入。

第一，降低采购的成本。企业与供货商之间建立起 B2B 模式，能够实现网上自动采购，节省了传统模式中双方为进行交易而投入的人力、财力和物力。除此之外，采购方可以经由整合企业内部的采购体系，获得批量采购的折扣。例如，沃尔玛通过互联网将美国 3000 多家的超市连接在一起，统一采购配送，用批量采购的方式来减少大量采购的费用。

第二，扩大市场机会。企业与潜在的客户建立起互联网上的商务关系，可以解决原来难以通过传统渠道覆盖市场的问题，从而扩大市场机会。譬如通过网上直销模式，客户中有 20% 来自中小企业，如果与这些企业建立起了 B2B 模式，那么双方的交易费用会大大降低，中小企业客户网上采购动力会大大增加。

第三，节省周转时间。企业还能够通过客户和供应商之间建立起的统一电子商务系统，来实现企业供应商与企业客户的直接沟通和交易。比如，波音公司的零配件都是波音公司从供应商那里采购的，那些零配件中有很多都是满足它的客户——其他的航空公司维修飞机时所用。为了减少中间的周转环节，播音公司通过 B2B 模式来实现供应商和客户之间的直接沟通，从而大幅度地降低零配件的周转时间。

第四，降低库存成本。企业通过与下游的客户和上游的供应商建立起企业间的电子商务系统，从而实现以销量来定产量、以产量来定供应量的模式，从而让物流高效运转起来，最大限度地控制库存。如允许客户网上订货，让企业业务流程的高效运转起来，将库存成本降到最低。

O2O 模式

O2O（Online to Offline）模式是指线上预订和线下经营相互结合的电商模式，顾客在线上下单，消费地点却在线下。平台将线下商店的消息推送给互联网用户，从而将他们转换为实体商家的线下顾客。

O2O 模式的核心是在线支付。这不光是因为线上的服务无法装箱进行运输，更重要的是快递本身不能让我们体验到社交体验所带来的快感。但如果通过 O2O 模式展示线下商品和服务，并提供在线支付的“预约消费”，那对于顾客来说不仅有了更多的选择余地，还能通过线上对比来选择服务，或者按照消费者的区域性享受服务。除此之外，正在使用 O2O 模式探索前行的商家们，也经常会使用比线下支付优惠力度更大的手段来吸引顾客来进行网上支付。

从表面上看，O2O 最重要的环节是网上信息的发布，因为只有互联网才能更快、更广泛地传播商家的信息，快速地将强大的消费能力聚集起来，但事实上，在线支付依然是O2O的核心。

O2O的应用价值

O2O的优势在于将线上和线下的优势完美地结合在一起，通过导购机实现互联网和实体店的完美对接，从而实现互联网落地。它让消费者既享受到了线上的优惠价格，同时也享受到了线下让人身心愉悦的服务。与此同时，O2O模式还能使不同商家联盟成为现实。

O2O模式最大限度地利用了互联网的无边界、跨地域、海量用户、海量信息的优势，同时充分对线下资源进行挖掘，进而促成线下商品、服务和线上用户的交易，具有代表性的有各类团购。

O2O模式能够直观统计和追踪评估商家的营销效果，不具备传统营销模式的推广效果的不可预测性。O2O将线下消费和线上订单整合在一起，可以精准地统计消费行为，从而吸引更加的商家入驻平台，为顾客提供更为优势的商品和服务。

此外，O2O在服务业中具有非常大的优势，购买方便、价格便宜以及能够及时得知折扣信息，将电子商务的发展方向拓宽，从规模化走向多元化；O2O模式还能将线上和线下的信息和体验环节打通，让线

下顾客避免了因为信息的不对称而遭受经济损失，让线上顾客的“售前体验”成为现实。

整体上看，如果 O2O 模式运行情况良好的话，“三赢”的局面就会出现。对本地商家而言，他们可以通过支付信息来了解消费者购物信息。O2O 模式为商家收集顾客购买数据提供了便利，可以帮助他们实现精准营销，更好地维护顾客，并拓展顾客群体。

对顾客来说，O2O 模式为他们提供了及时而全面的商家折扣信息，顾客筛选合适的商品或者服务也更为便利；对于服务提供商而言，O2O 模式能够为他们带来大量高黏度的顾客，这样他们就争取到了更多的商家资源。掌握大量顾客数据资源之后，本土化程度较高的垂直网站通过 O2O 模式，还能为商家提供其他增值服务。

O2O 模式典型代表有居然之家。居然之家已经在全国开办分店 69 家，有 300 万平方米的营业面积，每年的销售额已经超过 250 亿元，它已经连续多年荣获“北京市十大商业品牌”之一的称号，在家居建材流通行业一直遥遥领先。

居然之家以 O2O 模式为切入点，按照地区来设立分站点，一直秉持着“四同”原则，即同一经营主体、同一服务、同一产品、同一价格，当机立断地让线下的卖场与电商之间发生化学反应。

让居然之家更加硬气的是，它在家居类的绝对掌控权，也让其一直在家居行业独占鳌头。这种自力更生的电商模式，也许能够使其成为家居领域的 O2O 模式的风向标。

O2O 模式非常适合必须进入实体店才能消费的行业，如美容美发、电影、健身等行业。对农村电商来说，很多乡村居民更看重现场体验和售后服务，因此更认可实体店，所以 O2O 模式在农村前景广阔。

农产品众筹是什么

随着人们生活水平的提高，人们对原生态、安全、美味的农产品需求越来越高。“互联网＋众筹”应运而生，伴随着“互联网＋三农”的一直推进，农产品众筹发展有着宏伟的前景。

众筹，指互不认识的人通过互联网为某个项目、产品、创意等共同出资的一种筹资模式。众筹是一种全新的互联网商业模式和营销模式，它为缺乏资金、有抱负的个人和小型企业提供了融资平台，具备创意性、大众性、多样性、门槛低的特点。目前，依据项目不同的回报内容，可以将众筹分为产品回报型和股权回报型，产品回报型是指回报内容是产品，而股权回报型是指回报内容是股权而不是实物。

蓬勃发展的互联网改变了农产品营销方式。农产品众筹，是将众筹营销模式应用到农产品销售上，为农产品营销提供新的渠道，为资金不足的农户提供新的融资平台。该模式不仅降低了融资门槛，还激发了农民的创业热情，拉近了消费者和农产品生产者的距离。

农产品众筹的流程和特点

第一步是众筹资金。通过社交网络和互联网将订单汇集在一起，让农产品生产者提前种植产品。这种销售形式解决了农产品流通过程中的诸多问题，如中间环节过多、信息不对称等，为农民的收益提供了保障；第二步是在收割农作物后，农户通过物流快递将农产品送到顾客手中。可以说，整个过程是个性化的农产品私人定制服务。

农产品众筹的作用

第一，缩短流通链条。传统农产品从生产到零售，历经多次集散过程，农产品的新鲜度大大降低，而流通成本一直增加，价格一直上涨。农产品众筹采取的是“农场—家庭”供应模式，能够将农产品从产地直接送到顾客的手中，省去了传统农产品流通过程中繁多的中间环节，降低了终端价格，保证了产品的新鲜度。

第二，缓解了资金问题。相对于其他产业，农产品销售具备低回报率、不稳定等特点。而农产品众筹通过平台直接向顾客筹集资金，在一定程度上缓解了资金的问题。与传统的农业融资模式相比，农产品众筹具备融资门槛低、效率高等特点。

第三，降低农业风险。农产品众筹通过“生产成本 + 生产者利润”来估价，实行农产品预售和个性化定制，根据销量来规划生产，提前知晓市场动态，大大降低市场风险，从而增强生产者对传统农业的不稳定性、滞后性的抵抗力。除此之外，农产品众筹模式，流通环节少、效率高、风险低。

第四，在消费端和生产方建立信任。这些年来，社会上出现了不少食品安全问题，消费者想对农产品的生产过程进行把控，但又常常缺乏农产品种植的经验和条件。农产品众筹提供了这样一个平台，让顾客自由选择农产品的种植地、种植时间和种植方式，并实现农产品质量的监督。因此，农产品众筹实现了生产的透明化，让生产方和消费者之间建立起信任。

聚土地，是一种休闲农业的营销新模式。“聚土地”这个项目在绩溪县政府的大力支持下，在不改变用途以及四至的前提下，县政府投入了 30 万元专项资金用于修建水渠和流转地块的机耕路，再由阿里巴巴聚划算平台和浙江兴合电子商务有限公司联合打造。对村民来说，出租土地会有经济收入，被项目运营方聘用去种植农产品，经济收入也会增加。对于那些土地认购者来说，能吃到健康、绿色的粮食、蔬菜和水果，还能免费去乡村旅游，何乐而不为呢？

农产品如何做网络直播

“放下锄头，拿起鼠标”，这已经成了很多中国农民发家致富的新途径。在互联网的发展过程中，网络直播是一种越来越流行的购物方式。

根据CNNIC发布的《第四十三次中国互联网络发展状况统计报告》，我们得知，到2018年12月为止，我国的短视频用户数多达6.48亿，用户使用率高达78.2%。随着短视频市场的不断发展，内容生产的垂直度和专业度不断增加，各大平台的核心竞争力就是优质的内容。在网络直播方面，截至2018年12月，网络直播用户数多达3.97亿，用户使用率为47.9%。相较于2017年年末，用户数减少了2533户，使用率下降了6.8个百分点。

农村电商在发展过程中，一定要敞开门户，勇于尝试新技术、新思路，让农产品的进城之路更加通畅。作为传统行业，农业更应该抓住网络直播这个机会，让农产品以更简单、直接的方式迈向市场。据不完全统计，全国网络直播平台已经有200多家，一些传统的电商平台也顺势而上，开通了直播平台，这给农产品的销售提供了新契机。不少的农产品种植户开始利用电商、自媒体等平台进行农产品网络直播。

一时间，农产品网络直播的模式大火起来，热度有增无减。农产品的销售和网络直播相结合，一阵销售农村土特产品的“网红风”顿起。从娱乐明星、政府官员，到普通村民，纷纷入驻直播平台，与农产品生产者直接进行互动，来推广和销售农产品。

在海南省海口市石镇山举行的互联网农业小镇创客沙龙专场推介会上，4名“创客”化身网络主播，通过网络直播平台将土特产推销给全国的消费者。海南爱尚玫瑰实业有限公司董事长乔顺法通过网络直播平台推销他的火山玫瑰，消费者看到了火山玫瑰加工成鲜花饼、香皂等成品的全过程，反响强烈。此外，除了能够在实体店购买外，消费者也可以在微信上购买。

传统农产品的电商的不足

第一，农产品增值点难以体现。由于农产品的价格战一直都存在，外加上物流、包装成本较高，农产品电商的利润一直不高，农产品增值也得不到体现。

第二，农产品流通中间环节稍长。很多流通的农产品都具备以下两个特点：一方面物流成本高，另一方面是在储存和运输的过程中会有一部分的损失消耗，水果、生鲜都有这种情况。因此，对大量的农产品来说，要最大限度地将中间环节缩短，从产地到消费者手中所历经的环节越少越好。虽然现在不少农产品电商都在鼓励产地直接销售，但中间环节却因为种种因素而无法做到最大限度地减少。

农产品网络直播的优势

第一，对主播要求不高。一般来说，直播行业对主播有着较高的要求，如口才、形象、专业技能、专业知识等。但大部分农产品电商都是农民，因此农产品电商不需要对农民进行过多包装。

第二，大多数农产品都属于冲动型购买。很多像衣服、包包、鞋子、电器之类商品，一般都是消费者有需求才会去购买，但对于食品而言，一般都是在没有明确需求的情况下，呈现出冲动型购买，如被促销、外观所吸引等。

第三，农产品适合团购的商品。跟风效应和冲动型购买特性，让农产品适合成为团购的商品。在直播的时候，直播者通过促销宣传和现场介绍，能轻易激发消费者的购买欲望。比如，在苹果园直播的时候，消费者看到苹果又圆又大，一树的果实很快就会被抢光。因此，做直播的时候，不需要很大的折扣力度就能够促成交易。

第四，使消费者获得更好的购物体验。通过直播，消费者能够更加真切地体验购物，更加全面了解产品。与“图片＋文字”的传统的电商模式相比，网络直播能够更好地给农产品电商赋能。

第五，在线直播的环节是增值过程。以售卖麻辣小龙虾为例，通过网络直播，消费者可以看到清洗、除去虾尾的过程。消费者购买到的是看到的这一锅小龙虾，甚至可以现场下单、现场制作。对于消费者来说，这种方式有着极大的冲击力，产品价值也因此得到了增长。

农产品的预售和认领

随着电商行业的迅猛发展，传统农业发现了新的商机。预售和认领模式，既能给农业生产者带来安全感，提供经济保障，又能满足消费者的基本需求。

供大于求、农产品堆积是农民经常面对的困境之一，农民不得不做亏本买卖。如果能采用预售的模式，先收款、再种植，就能将风险降到最低。我们可以利用网站平台、微信朋友圈、社群、公众号等进行预售。需要说明的是，在一定程度上，农产品预售与众筹十分相似。

来自北京的地大物博电子商务有限公司于2013年8月做了一次平谷大桃的预售，在一星期内，预售出了6000箱大桃，平均一天近1000箱，实现了农产品还在树上，就被卖出去的构想。这个举动彻底地颠覆了传统模式——农产品成熟后再销售的模式，保证了当天采摘，当天售出，让消费者吃到新鲜的产品。地大物博公司还将这种预售模式运用到山东栖霞红富士、新疆香梨上。也许这就是未来农产品电子商务市场前行的方向。

预售的优势和需要解决的问题

第一，市场反馈。生产者通过预售模式了解市场的需求，掌握消费者对某个产品的需求情况、认可程度，这样就能够在种植、生产的初期阶段做出反应，并进行适当的调整，来满足客户的要求。

第二，用户数据。生产者在预售的时候要收集每个消费者的信息，包括姓名、手机号、地址以及职业等。有了这些信息，生产者就可以知道产品的消费者在哪里，这一点尤其重要。在以前，生产者根本不知道产品卖给了谁，但是有了预售这个模式后，这个问题就迎刃而解了。

第三，降低风险。传统的做法是，先把产品种植出来或者生产出来，然后将其推向市场。但有时会遇到这种情况，就是产品得不到市场的认可，消费者不付款，产品卖不出去。不少农产品有着短保质期、短季节性的特点，假如在一段时间内卖不出去，就只能打折处理，甚至直接扔掉。但通过预售模式，生产者可以先收钱，然后根据订单进行生产，大大降低了风险。

预售虽然不错，但操作起来有一定的难度，原因是难以得到消费者的信任，因此，在预售之前必须要解决以下四个问题。

第一个问题是人脉。在这个以流量至上的年代，没有流量，预售就是一句空话。预售是建立在有人脉的基础上，光有几个好友是远远不够的。如果人脉不够，生产者就需要借助他人的力量。

第二个问题是信誉。预售建立在他人对生产者信任的基础上，如果信誉不够，消费者就不会先付款，这里就体现出了诚信的重要性。

第三个问题是品质。预售是一种信任，生产者一定不要辜负，一定要确保产品的质量。如果产品不够好，就不要采取预售的模式，预售出来的产品一定要经受住市场的考验。

第四个问题是感恩。只有知恩感恩之人才能走得更远，对于农产品电商经营者来说，有了第一次预售，就会有第二次预售，即使没有下一次的预售，也必须要记住以礼物回馈、新年问候、生日祝福等方式，问候那些曾经参与过预售的消费者们。

认领模式是什么

认领模式是最近几年兴起的，以前一亩地能够产生 1000 元的价值，然而通过认领模式，一亩地的价值可以翻上 10 倍。这是如何做到的呢？

认领采取的是主人制的模式，那就是这块地谁认领了，谁就是主人，这块地的所有产出都归他所有。通常情况下，有机农产品或者绿色农产品才会采取这种模式，譬如，有机大米、蜂蜜、香菇、脐橙、土豆等。认领人不用亲自参与农产品的种植、生产过程，统一交给农场主管理。认领人如果想要了解自己认领土地的情况，可以通过图片、视频的形式，也可以周末带领家人、朋友去查看具体情况，对土地进行打理，譬如种植、施肥、浇水、采摘等，自己亲身体验田园生活，感受另一种生活方式。

最重要的是要确保自己吃的食品都是安全的，这也是现在很多人都关心的。除了可以体验外，我们能够监控自己认领土地种出来的菜或者水果，从播下种子到果子成熟，整个过程明明白白，这样就能确保农产品都是绿色、有机和无污染的。平时去菜市场买菜，就无法满足这点，因此，对于大城市那些有经济实力的、注重食品安全的消费者而言，认领这种模式就比较合适。

农村电商与休闲农业

农产品电商和休闲农业都是乡村振兴的至关重要的手段，并且取得了一定的效果。融合农产品电商、乡村旅游、休闲农业的农业全产业链模式是大势所趋。

根据农产品生产过程，设计出有趣而丰富的农事活动，增强用户体验，再利用电商平台进行宣传推广，这样休闲农庄就能够成为消费者的体验基地和农产品的销售渠道，反过来又能够推动休闲农业的发展。

休闲农业的定义和主要类型

休闲农业，即旅游农业，指合理开发农业资源，并加以利用，将农业生产经营活动和观光休闲、发展旅游相互结合，通过优化农业生产结构和品种结构，科学规划布局，达到观光旅游、美化景观、学习新鲜事物的目的。对游客来说，休闲农业能够对旅游空间进行进一步拓展，满足其回归自然的愿望；对于农户而言，休闲农业有助于农产品的售出，给他们带来收入。将乡村旅游和休闲农业结合起来，能够增加乡村景点的知名度，营造拉动城乡居民休闲消费、促进农民就业增收的氛围，这是促进城乡一体化发展以及推进全域化旅游的至关重要的载体。

农业农村部于2016年9月发布了《关于大力发展休闲农业指导意见》，指出休闲农业是现代旅游新型消费业态、现代农业的新型产业形态，它能够为农业牧渔等众多领域带来新的增长点。“十二五”以来，全国休闲农业蓬勃发展，并且呈现出“布局优化、发展加快、质量提升、领域拓展”的良好形势，这已经成为经济的新增长点。“十三五”期间，随着城乡居民生活水平的提高、消费需求的升级以及休闲时间的增多，休闲农业有着极大的发展空间，目前处于黄金发展期。但是，现如今，休闲农业发展现状跟不上市场需求。休闲农业发展存在发展方式粗放、基础设施滞后、文化内涵挖掘不够、产品类型较为单一、服务质量需要提高等问题急需解决。下一阶段政策重点是对农耕文化进行弘扬、对基础设施进行改善、对产品业态进行丰富、对传统村落进行保护、对知名品牌进行培育、推动产业扶贫以及加强规划引导休闲农业。

我国休闲农业呈现出多种发展模式。根据区位条件，休闲农业分为城市郊区型、风情村寨型、景区周边型、资源带动型以及基地带动型；根据产业基础，休闲农业分为观光种植型、观光生态农业、观光林业、观光渔业、观光牧业、观光副业等；根据功能目的，休闲农业分为休闲农园、市民农园、农业公园、休闲渔园、生态农园、科技农园、观光农园等；根据组织模式，休闲农业分为企业带动、政府主导、专业协会带动、主导产业拉动等。

农家乐是休闲农业模式中最司空见惯的一种。湖南益阳的刘先生通过土流网株洲流转中心租到了株洲县淦田镇一块荒山，将其打造成了一个家庭农场，集生态旅游、休闲养生、绿色养殖于一体。刘先生说，与景区旅游相比较而言，前往家庭农场所需费用低、时间短，适合周末团队聚餐、家庭亲子互动等活动。在家庭农场里，人们不仅可以感受大自然的风光，还能体验到采摘、垂钓、种植等农家休闲乐趣，品尝到无添加的蔬菜、水果、家禽等农产品。他的家庭农场全方位满足了城市居民的需求，所以生意越来越火。

互联网催动休闲农业的变革

随着互联网技术的迅猛发展和消费者需求的不断增加，传统休闲农业正慢慢朝“休闲农业 + 互联网”转型。总体上看，传统休闲农业的“生产、分配、交换、消费”流程正朝着“休闲农业 + 互联网”的“消费、交换、分配、生产”的流程转变。详细地说，在互联网的作用下，有三个方面正在发生大变革。

第一，营销和销售模式正在从线下销售模式向线上营销模式转型。销售模式变革，休闲农业产品和服务的销售活动，从线下转为线上。具体包括线上委托代理销售、线上自营网站销售、线上自营网店销售；营销模式的变革，休闲农业产品和服务的营销活动，譬如休闲农业产品和服务的市场调研、客户沟通和服务、品牌策划、产品和服务的推广，都是在互联网的基础上展开的。特别是移动互联网蓬勃发展起来后，休闲农业产品和服务的营销活动正快速地扩展到移动终端。

第二，生产服务模式正在从“以产定销”向“按需定产”转型。农产品生产由传统的“以产定销”向互联网背景下的“按需定产”转型。休闲服务提供模式变革，对于休闲服务的设计与实现，消费者由过去的被动接受转变为主动参与设计和实现过程。

第三，管理和财务正在从“传统企业主”向“互联网大数据分析”转型。在管理模式变革方面，农业休闲正从过去的基于企业主的准确判断和决策，慢慢向基于互联网大数据分析的消费者需求进行预测。在财务管理模式的变革上，从过去的基于现金结算和银行转账的会计结算和记账体系，向基于互联网电子收付的会计结算系统和会计记账系统转型；从传统的基于自有或者借贷资金的投融资模式，向基于互联网共享理念的新型投融资模式转型。

“休闲农业 + 互联网”模式所面临的困境

在互联网技术的催化下，我国传统休闲农业加快了转型的步伐，“休闲农业 + 互联网”模式的发展一日千里，但同样面临着困境。第一，发展环境有待提高。原因在于思想认识不到位、规划引导不到位、信息服务滞后、相关基础设施落后。第二，尚未形成规范的行业市场秩序。第三，融资渠道窄、成本高。第四，土地流转政策有待完善。

对于这些困境，我们可以加大休闲农业线上营销力度，构建“休闲农业 + 互联网”政策支持体现以及做好“休闲农业 + 互联网”的规划和服务。

第五章
农村电商网店运营策略

信息技术的发展给人们的生活带来了巨大的影响，随着微信的普及以及移动手段的发展，微商逐渐走进了人们的生活，它是一种新型的电商形态，为大家提供了一条脱贫致富的渠道。

分析互联网市场数据

在“互联网 +”的浪潮下，越来越多的人把注意力放在农村市场，农产品电商化逐步成为关注点。想要从农村电商中获益，就要做好充足的准备。接下来，我们来学习一下如何分析互联网市场数据。

不管是企业还是创业者，开展任何项目之前，一定要先做好充分的准备，不打无准备之仗。所有商业技术都建立在市场分析的基础上，商业计划的灵魂是深刻而实际的市场分析数据，如果没有这个环节，那么所谓的商业计划就成了海市蜃楼。

如何做好市场分析

如果我们想要做好市场分析，可以从四个方面着手。第一，了解项目所处行业的整体前景。市场分析的基础是了解项目所处行业的整体前景，而这由行业发展和市场潜力组成。这项工作有助于企业具体了解行业所在的市场竞争情况，从而更好地分析竞争对手。

第二，分析竞争对手，知己知彼，百战不殆。市场分析调查过程中一定要做的工作是，了解对手的基本情况，要对对手的经验进行总结，并吸取经验。

第三，分析自身情况。可以采用SWOT的办法对自身情况进行分析，即考虑自身企业在整个行业中的优势、弱势，在市场中的发展机会以及所面临的困境，等等。这是一种将市场和企业进行整体分析的方式，以帮助企业拓展市场份额为目的。

第四，分析目标消费者。面向消费者是所有产品的最终目的，取得消费者的认可是企业在拓展过程中至关重要的事情。因此，每款产品在正式问世之前都要找准消费群体，详细地分析研究这个群体的市场需要和特性，让产品得到市场的认可。

需要注意的是，在互联网时代，企业的环境一直在变化，每个项目所面临的环境也是变化莫测的。因此，一份真正出色的市场数据应该根据时间来变化，对一定框架内的市场环境做出动态而客观的分析和预测。

如何取得数据

在互联网时代，众多农民朋友顺利地搭上了这辆时代快车，为农产品的销售找到一条捷径，让广阔无垠的农村地区摸索出了一条网络发家致富之路。和传统的线下销售模式相比，电商最明显的特点就是保存了足够多的数据。而互联网的本质和核心就是数据化。换句话说，电商是一个与数据相依相伴的行业，而精准的市场数据分析对于企业的顺利发展尤为重要。那么，数据理应从哪里来呢？

一般情况下，我们能够采用三种方式来取得市场的具体数据：以问卷的形式来进行市场调研，对历史数据进行调查分析以及使用互联网官方工具来查看市场的行情。传统的线下市场调查不但耗时多还不准确，不管是在广度上还是在深度上，依靠这种方式取得的数据十分有限。随着互联网和计算机的技术的发展，一些官方查询工具的出现毫无疑问地为人们提供了极大的便利。

投资者在数据查询统计中经常会用到一种工具，那就是百度指数。在我国搜索引擎市场，百度一直占据着举足轻重的地位，这就意味着，百度指数所取得的统计数据十分准确。在很大程度上反映了人们对某个词语的关注程度。通过百度指数，我们能够清晰明白地了解到一个词语的搜索热度、相关热词搜索趋势、整体趋势和媒体的关注度，进而知晓产品的市场前景。

我们还能够通过百度指数的人群画像，对该词语所代表人群的地域分布和人群属性进行分析，根据数据统计而选择一些搜索热度较高的城市作为产品宣传和销售的主要地点。同时可以根据这些地区人群的特点设计产品的包装，以及进行价值塑造，以便能使产品售出更多。而产品人群属性的统计更加有利于我们对目标客户和市场价格的定位。

农村电商的蓬勃发展将农产品线上和线下营销有效地结合在一起，慢慢促成了“工业品下乡”和“农产品进城”的双向流通，一个全新的商业闭环由此形成。做好市场数据分析工作是做好农产品电商上行工作的第一步，保障项目实施的可行性，为未来打开市场做好准备。

如何构建农产品的卖点

通过电商的市场调研和数据分析，定下预备进军的农产品行业。接下来，我们需要做的是定位和挖掘相关农产品的卖点，将产品独特的价值和魅力展现在消费者面前。

如何找到产品的卖点呢？首先，商家一定要深入了解产品和竞争对手。商家应该学会在大量同质化的农产品中找到自身产品的亮点，从而获得竞争的优势。通过对产品生产的地域优势、品牌优势以及文化优势等方方面面进行塑造，激发消费者的购买欲，从而打造出既独特又能满足消费者的卖点。

结合农产品本身的独特属性，将卖点的挖掘定位为地域的优势上。简言之，生长地区的不同，农产品可以被赋予难以被套用的卖点。另外，农产品电商也需要掌握农产品的历史，对传统优势中潜在的好卖点进行挖掘，并借助这个产品的磁场效应制造客户黏性。与此同时，农产品电商还需要意识到从品牌上打造卖点，原因在于品牌才是产品最终顺利打开市场并且具有持久性的强有力的武器。品牌化不足，即使产品一时拥有一个卖点也走不远。接下来，我们具体分析农产品的能够挖掘的卖点。

挖掘地域文化

农产品的最主要特色的卖点就是“土”。大部分农产品都是由原产地土生土长、原产地直发，并且由从事农产品的电商从业者亲自种植，并且都是天然绿色产品。如此一来，“土”就成了健康安全的代名词。

“土”是土鸡蛋最大的特点，农村电商经营者可以在自己的网站页面对散养鸡进行着重宣传，从而让消费者认可自己的产品，这样他们就能够放心购买了。原生态蜂蜜同样是“土”产品的典型，这类产品在进行网上销售的时候，可以对原生态进行着重突出，通过展示养蜂人的养蜂状态、割蜜的过程、养蜂现场以及未加工直接装进瓶子的图片或者视频来获得消费者的信任。

秀江源皇菊，是源产优品与江西省省级龙头企业修江源品牌进行战略合作，合力打造的“土”产品。秀江源皇菊在养殖的过程中没有使用任何除草剂或者杀虫剂等农药，整个过程纯人工种植，并采用古法柴火对其进行烘干，如此一来，菊花原本的清香得以保留，这样消费者就能喝到真正的生态有机种植皇菊。所以，在进行电商销售时，可以重点宣传其产地和制作工艺。

人物塑造与讲故事

人物塑造与讲故事是打造产品的文化价值、提高产品的核心价值和提高市场的竞争力的途径之一。电商团队可以为自身的农产品塑造出一个既有特点又有意义的故事，来提高农产品的知名度和消费者对农产品的信任度。比如，可以利用创业者的返乡大学生的身份特征，对农产品进行包装，让消费者产生信任，以此来收获客户。农产品大多数都产于穷乡僻壤，也有不少产品由于产量大而出现滞销的情况，因此，爱心义卖、公益、扶贫概念也能够成为不错的卖点。

此外，农产品的土味与明星的公众影响力相互结合，能够让农产品的“名声”传播更快。有时企业苦心经营多年还比不上一个月明星代言所带来的影响力。不过，明星代言一定要符合农产品的定位和真实效果。农特产品往往具备绿色、有机、天然和好吃等特点，它的基本特性是食用性，对于食用产品来说，味道好才是关键。对农产品的好口感进行大力宣传能够吸引大批消费者来购买。

除了上述一些卖点的挖掘思路外，电商团队还需要对农产品的核心差异点进行开发，譬如独一无二的种植方式、祖传的采摘方式、独特的制作工艺，从而打造出属于自己产品的优势。最后，关注客户的评价，好的评价能够给没有购买的人增加购买信心，差的评价会导致客户“一走了之”。企业应该多将注意力放在客户评价上，利用客户评价形成的口碑效应打造自身的品牌形象。

要想让农产品畅销，仅仅依靠市场环境的优化和政府扶持是不够的。农村电商要将自身的能动性发挥出来，精准挖掘和定位产品的卖点，创造出属于自身产品而难以被竞争对手取代的优势，积极学习，努力创新，才能在竞争中立于不败之地。

如何选择适合的平台

电商平台种类繁多，每个都具备不同的特点，有适合品牌营销的高门槛平台，有适合企业较高的门槛平台，有适合个人较低的门槛平台。选择适合自身产品的运营平台是良好运营的开端。

我国的电子商务正蓬勃发展，综合性的电商平台越来越多，目前市场份额所占比例较大的有京东、淘宝、苏宁。淘宝系包括天猫、淘宝和阿里巴巴三大平台。其中天猫采用的是 B2C 模式，淘宝采用的是 C2C 模式，阿里巴巴是 B2B 批发平台。

天猫

天猫平台从 2015 年 3 月 9 日开始实行邀请入驻制度，条件是有较强的线下销售实力或者被天猫列入天猫品牌库的品牌方。开通天猫需要缴纳保证金，不同类别的商品的店铺，技术服务费和年费有所不同，但销售额满足一定的要求后都能够进行返还，从而产生销售额需扣取的佣金，类目不同，扣取的佣金点数不同。开通天猫平台的门槛较高，适合有长期品牌运作经验、较强实体销售能力的品牌。

淘宝

淘宝网包括个人店和企业店两种形式。个人店开通门槛较低，只需要身份证、保证金和支付宝实名认证，销售后无扣点佣金。一般情况下，5 个工作日即可通过审核。因为门槛不高而被认为是个体农户接触电商的最好选择。不过应该注意的是，虽然个人店开通成本小，但也会因为品牌力不够而只能获得相对而言较少的消费者的信任感。

企业店的开通条件相对而言较为苛刻，需要具备企业资质，除此之外，还需要缴纳超过 1000 元的保证金，销售无须扣点佣金，7 个工作日即可通过审核。

阿里巴巴

阿里巴巴适合商品需求量大、以批发为主要经营模式的网商，要求具备个体户资质者或者企业资质。开通阿里巴巴平台的网店不需要技术服务费、年费和保证金，但需要开通诚信通，费用为 6688 元，销售无扣点佣金。

京东

想要入驻京东平台，需要具备企业资质和品牌资质。审核较为严苛，类目不同，平台使用费用、销售佣金扣点不同，平台使用费没有达到最低销售额会根据政策进行相应的返回。京东平台适合于有品牌实力、有一定的资金实力、想长久做好品牌的企业入驻。

苏宁易购

苏宁易购是苏宁电器旗下网上购物平台，采用的是 B2C 模式，平台上涵盖了 3C 电器、传统家电以及日用百货等品类。苏宁易购于 2011

年强化了线上和线下同步发展的策略，不断提高线上市场份额。苏宁易购将依靠强大的物流、信息化支持和售后服务来保证其快速发展。到了2020年，它已经成为中国遥遥领先的B2C平台之一。

入驻苏宁易购平台要求商家企业具备一般纳税人的资格，能够开具增值税发票，具备电商的基本运营基础，仓储物流管理能力较强、保证随时都有货物销售。目前，苏宁易购只对供应商开放了两种物流体系模式，分别为BSL模式和BVDD模式。

上述五个电商平台有着较为明显的特点，在门槛方面，京东、苏宁易购最高，天猫次之，阿里巴巴和淘宝最低；在功能方面，阿里巴巴适合批发，天猫适合品牌，淘宝适合零售，京东、苏宁易购适合有实力品牌产品。所以，在选择运营平台的时候，农村电商可以依据不同平台的特点，结合自身的实际情况，秉持着先容易后难的规律来量力而为。

新手开店三部曲

对于初次涉足电商行业的普通村民来说，在正式开店运营之前，需要做好开店铺的前期准备工作。要先选择好要在网上售卖的农产品和在平台注册会员用户。那么我们如何注册会员呢？

以淘宝为例，淘宝平台为会员用户提供了免费开店的机会，其中包括拥有属于自己的独立网址和独立店铺，开设淘宝店铺的第一步是注册会员，为了对交易的安全性提供保证，店主还需要进行身份认证和支付方式认证，并发布商品信息10个以上。完成以上工作的农村电商经营者就进入审核阶段，此时，我们可以开始想象如何布置网页、展示商品。

用户注册

登录淘宝网，点击页面最上方的“免费注册”后，一个新页面会弹跳出来，按照要求输入个人信息，注册时填自己的邮箱，然后这个邮箱会收到一封确认信息邮件。将其中的链接打开，点击确认，用户注册就完成了。值得注意的一点是，为了安全性，账号密码不要过于简单，建议使用“英文字母 + 数字 + 符号”之类的组合密码。

登录淘宝网后，点击页面上方的“开店”，一个新的页面出现，找到右上方的“卖家中心”，点击“免费开店”。打开的页面有两种选择，分别是“个人店铺”和“企业店铺”，一般的村民选择“个人店铺”就可以了。然后根据自己的产品类别选择相对应的类目，点击“我已阅读以下规则，现在发布宝贝”，进行下一步。然后填写宝贝的信息。这一步至关重要，先选择“全新宝贝”，根据自身农产品的实际情况填写页面属性。如果是食品，通常情况下，宝贝信息一定要填写 QS 编号和带星号信息框中的内容；如果是散装的农产品食品，这一项也可以不填写。但是，在宝贝照片的描述中要添加这些基本信息，发货的时候应该附上这些基本信息。

进行身份认证

只有实名认证通过后，卖家才能在淘宝网上出售农产品，因此，卖家在注册完后还要进行相关的认证，包括个人实名认证和支付宝认证。个人实名认证，在淘宝网首页进入登录页面，填写自己的账号信息后进行登录。然后点击页面左上角的头像右侧的“账号管理”。进入账号管理页面，新账号都是没有经过实名认证的，在身份证一行点击“认证”。进入认证页面，可以选择或者取消“免费开通余额宝服务”，点击“立即认证”。然后填写个人信息，包括账户名、真实姓名、身份证号码以及支付宝密码。接下来填写银行卡信息，等待支付宝打款到银行卡。到了这一步，认证已经完成。点击“查看详情”，继续完成“淘宝身份信息认证”。然后，提交身份证照片，上传身份证照片。顺利提交后，淘宝会在一个工作日完成审核，审核通过后，页面会显示“已认证”。

发布产品信息

接下来需要做的是整理加工准备发布的农产品信息。为了让消费者能够更清晰、直观地看到农产品的信息，卖家一定要选择高质量、美观的照片信息进行上传，最好能够采用 Photoshop 等专业的图片处理工具对照片进行处理。

当新产品顺利发布后，页面会弹出一个显示发布成功的弹窗。卖家点击弹窗中的“继续发布宝贝”就可以继续上传宝贝照片。在消费者还没有购买时，如果需要修改、更新、完善已经发布的农产品信息，卖家可以依照“我的淘宝—我是卖家—出售中的宝贝”这三个索引进行修改和编辑。

最后还需要注意的是，卖家一定要定期更新、添加店铺的宝贝，避免淘宝系统将店铺删掉。

新手开店如何装修

无论是对城市网店店主还是农村网店店主，独特而适宜的装修风格都是其成功因素之一。如果店铺装修美观，设计合理，就会让消费者印象深刻，从而激发他们的购物欲望。

网店店主一定要重视网店的装修。美观、合理的界面不仅能帮助消费者更好地了解商品信息，还能给他们带来更优良的消费体验，以增加回头客的概率。那么，我们应该如何装修网店呢？需要遵循以下七大原则。

明确的消费者定位

店主在装修店铺之前，先要对消费群体有一个精准的定位。如果定位不准确，就会让店铺界面与品牌内涵相矛盾。而准确的定位不仅能够快速地打造出网店品牌，还能让自己的店铺给消费者留下一个好的印象。

对店铺进行定位时，店主先要明确农产品的价位。然后根据农产品的特性明确目标人群，确定买家是青壮年、老年人，是城市消费者或农村消费者，等等。最后，店主要根据目标人群和农产品的特点来对店铺的装修风格进行定位。在装修过程中，店主一定要综合考虑以上因素，这样装修出来的店铺风格才会和品牌形象相一致。

店铺整体风格一致

在装修的过程中，很多时候，不少店铺主题用一种风格，模块是另外一种风格，甚至农产品的风格也一直在变化，页面风格的来去变化会让店铺整体协调性不好，不但对塑造店铺形象不利，还会暴露出农村网店装修不专业等问题。因此，店主要高度重视店铺的整体设计和页面设计，根据产品和品牌的调性尽量让网店中所有页面的风格保持一致，避免因为风格的不统一而影响店铺的美观度，从而给消费者带来不好的消费体验。

根据活动或者促销目的来设计

农村网店在装修过程中要尽可能专业、简单。所谓的简单就要求颜色要少，文字要简洁，等等；专业主要体现在颜色搭配上要协调，文字描述上要突出产品的卖点，并且要与整体农产品风格相互协调，等等。要想做好网店运营，应季的促销活动不可少，但如果频率过高，或者活动单一，就会让消费者产生疲劳。因此，恰当而多变的营销活动非常重要。网店店主要善于变通思维，多动脑筋，时常更新营销主题，尽可能地增强消费者的新鲜感。科学而正确的营销活动不但有助于电商营销者吸引更多的顾客，也能留住老顾客。

农产品分类和模块要有清晰的划分

农村网店店主一定要明白，网店装修的目的是给消费者提供良好的购物环境和购物体验，以便获得更多的客源。如果店铺内的产品模板划分和产品分类过于混乱，消费者搜寻的时候既费时又费力，就会因反感而离开，农村网店也会因此失去大量潜在的客户。为了避免这种情况的发生，在对农村网店进行装修的时候，店主们必须要注意分类，比如，可以将辣椒分为圆椒，尖椒等。与此同时，店主们也要注意模块的划分，譬如店长推荐、限时折扣等。

色彩适宜

色彩选择是店铺装修过程中至关重要的事情，它虽然不能像文字那样直接向消费者那样传递信息，但可以间接向他人传递情绪。如果店铺的色彩不够鲜亮，或者大面积使用深色系，不但会给消费者带来不好的视觉体验，也会让消费者感到压抑，从而产生反感的情绪，导致客户流失。而这样的店铺装修肯定是失败的。

因此，在装修店铺的过程中，农村网店店主要尽可能避开色彩雷区，选择一些鲜亮的色彩，让消费者在浏览的时候，心情愉悦，产生购物冲动。

图多一点，字少一点

消费者不会花大量的时间、精力停留在某一个店铺上，所以店主要尽最大努力吸引他们的注意力。从阅读习惯上来看，人们一般先是注意到页面上的图片，然后阅读文字。因此，店主一定要多用图片，最大可能地创造出视觉冲击，同时要注意文字的多少和大小。

主题多样、风格明确

为了使更多的潜在客户变成真正的客户，不少店主都会选择在节假日开展促销活动。而想要提升促销活动的效果，店主就要在装修上努努力，也要保证装修主题和促销主题、节日主题相符合。比如，中秋节的时候，一定要以丰收和喜悦作为店铺装修的主题，这样才能最大限度地吸引消费者。

总而言之，农村网店在进行装修的时候，店主要尽最大努力遵循以上七个原则，综合而全面地去考虑，这样装修出来的店铺才能让消费者感到舒服，进而获得消费者的好感。

农产品信息发布

农村电商网店运营中最重要的一个环节是信息的发布。在发布的过程中，专业的文案人员、后台操作人员、网络美工等缺一不可。

想让信息直观地、快速地呈现在消费者面前，网店的宣传人员应该各尽其责，密切配合，根据农产品发布的核心要求展开工作。

页面策划

页面策划这项工作非常重要，需要设计部、商品部、运营部协调合作，深入探讨每一款农产品。某些需要品尝的产品还需要经过诸如烹饪、冲泡以及调配等简单加工。譬如茶叶，只有经过品鉴才能准确地用文字描述某一种茶的干茶外形、叶底、味道、香气、汤色，进而用图文加以准确表达。每一款农产品的策划都是一次剖析产品的过程，也是一次化茧成蝶的过程。出色的页面策划能够将农产品的每一个卖点、优势、功效、亮点、生产过程、加工步骤、种植工艺列出来，将消费者最关心的方面提炼出来，再用最能打动消费者、最能刺激消费者购买欲望的方式介绍信息。

对“消费者最关心的问题”进行提炼，这个过程也是对产品进行定位的过程。在这个过程中，我们需要注意的是农产品的同质化问题。依据差别化原则来对农产品独特的销售主题进行挖掘，最后赋予农产品与众不同的卖点。

诠释产品卖点所用到的图文涉及农产品的广告定位，即广告诉求点、诉求方式和诉求对象的定位。其中，诉求点的定位一定要符合农产品卖点的定位；诉求对象应该根据农产品的真正购买者的身份来定位；诉求方式应该根据目标消费者的年龄、性别以及文化程度等特点来定义，对应地采取感性诉求或者理性诉求等不一样的诉求方式。

图文设计

设计部应该根据大家探讨出来的产品详情页的策划方案设计出页面，有效地对图片素材进行排版，并根据产品特性和品牌调性，用更有视觉冲击力和更具有美感的图片将其表达出来，做出可以销售农产品的详情页。而想要准确而详细地用图文表达某个农产品的特点，店主就一定要关注农产品在生长、采摘、加工时的不同形态。

除了视频外，网店页面的图文设计属于平面广告设计，所以必须要有创意，还要具备艺术性。但需要明白一点的是，广告终究是广告，并不是单纯的艺术品，它的最终目的是带来转化和销售。

产品特性和品牌调性主要体现在色彩运用和字体选择方面。在色彩方面，品牌色彩要运用企业 VI 系统规定的标准色，农产品图片色彩基调要与产品的象征色相符合；在字体方面，柔美的字体适合于外观阴柔的农产品，而硬朗的字体适合外观具有阳刚美的农产品。

平台发布

平台发布指的是将农产品详情页和有关农产品的详细内容填写到电商店铺后台的过程。在这个过程中，一定要保证农产品具体内容的真实性。比如，一切农产品都需要标明是否为转基因产品。除此之外，平台上要求的信息填写尽可能地完整、具体。因为完整而具体的标题能够增加搜索量。

完成以上工作后点击发布，消费者就能够在店铺上找到最近上架的农产品。农产品上新后，店主应该认真检查一下信息是否完整、正确，或者是否需要进一步美化。

农产品的发布工作应该根据大部分农产品的强时限性、应季上市的特点，来进行页面策划、图片设计、平台发布工作。农村电商店主应该掌握统筹分布、分步实施以及环节联动，来提高工作效率，从而为农产品的及时上市提供保障。

网店的推广方式

农村电商的流量取决于网店推广的力度，只有将线上宣传、站内优化相互结合，互相照应，才能为农村电商带来高人气，从而提高店铺产品的销量、级别和信誉。

我们时常会看到某些人通过一篇帖子带来几百甚至上千的浏览量、销量，而自己发的帖子看的人不少，但销量却不太尽如人意。所以，在推广农产品的时候，一定不要只看发帖和回帖的数量，更要注重帖子的内在品质，做到有针对性，重视质量保证数量。

发帖和顶帖要实时，并配置好时间，发帖要讲究持之以恒，不能一时兴起，也不能大量密集地发帖子。如果我们的帖子不能一直出现在消费者的视野中，那么产品就无法给消费者留下深刻的印象。因此，发帖后要每隔三四个小时更新回帖，这样周而复始，才会有更多消费者关注到我们的帖子。

小心探索，集思广益

不少人都不明白一个问题，那就是皇冠店铺的产品为什么始终位于搜索页面的前几页，并且一直占据最显而易见的板块，而自己的产品却一直缩在角落里。产品的排名是综合考量的结果，与店铺的信誉、产品的流量、成交量、店铺的人气，甚至是产品名称的关键词等都有关系。不少农村电商卖家在新店开张的时候，都会遭遇信誉低、生意少、流量小等诸多问题。那么，羽翼未丰的农村电商卖家如何改变这种局面呢？难道只能束手待毙吗？答案当然不是。在开店初期，卖家可以找一些新店店主，彼此收藏店铺和产品，互利共赢，共同提高店铺的人气。

高瞻远瞩、关联营销

事实证明，农村电商的网店经营的核心是服务。要想做好农村电商，一定要从服务着手，利用好的服务来吸引消费者，给网店聚集人气。做好服务工作的前提就是明确消费者的需求，农村电商的网店运营要做到了如指掌，即知道消费者的诉求，掌握网店的运营技巧，明确网店的运营要素，等等。

小财不出，大财不入

所谓的“小财不出，大财不入”，是指农村电商卖家想要经营网店，就要舍得资金的投入。所有的消费者都喜欢又便宜质量又好的产品，因此，农产电商卖家可以运用薄利多销的策略，通过口碑来获得旺盛的人气。比如，在中秋节等大的节假日推出打折的产品，或者在平日进行促销等。

淘宝网商家聚集人气的有效手段之一——淘宝直通车。开通淘宝直通车，店铺的成品就能够被展示在淘宝首页，吸引到更多消费者的注意。虽然淘宝直通车价格高昂，但很多案例证明，开了淘宝直通车后，卖家的生意的确比较好。因此，农村电商在能力允许的范围内，可以尝试一下直通车这一方式。

高效的转换推广

不少农村电商卖家想要在店铺推广这一环节独辟蹊径，既不想投入过多的精力和时间，又想获得良好的推广效果，但在大部分情况下，回报和付出是呈现正比例关系的。在网店推广方面，可以采取服务外包的形式，即出钱聘请专业推广人员来完成这项工作。

产地在眉山的“邓伯伯柚子”于2014年12月开启了“霸屏”模式。从出谋划策到上线，仅仅一个月时间，不到3天，“邓伯伯柚子”就呈现爆仓的状态，为了快速地把柚子送到卖家手中，四川万企共赢的老板和员工们更是一同去眉山，帮助打包以及发货等。

邓伯伯的白心柚子的批发价从1.2元上涨到2.2元，上涨幅度达到

83%，红心柚子的批发价从 2.2 元涨至 5 元，上涨幅度达 127%，眉山柚子已经出现了供应不能满足需求的状态，用“柚子”这个关键词搜索，综合排名前三，右侧的直通车排名前三，销量排名第一。自此，邓伯伯的柚子已经走出了四川，走向了全国。邓伯伯和万企实现了合作共赢，提高了合作双方的利润。

总而言之，不管采取哪种推广方式，都需要电商卖家苦心经营，原因在于只有拥有了必备的技术知识，我们才能开展网店推广工作，因此经营者要不断地去学习电商知识，并找到诀窍而坚持不懈。特别是在取与舍之间，经营者一定要懂得，想要取得就要先给予的道理。

如何运营一家网店

要想网店顺利运营，就一定要做好运营计划。运营计划包括年度计划、季度计划和月度计划，是针对不同部门、不同类目、不同产品和不同节假日而做出不同的活动策划、产品规划以及销售目标的行为。

想要让网店被更多的消费者注意，店主就一定要苦心经营。如何运营好一家网店呢？接下来我们从设定目标、进行详细的分析、制订推广计划、执行计划、实时优化五个方面进行讲解。

设定目标

首先设定货品目标。运营人员要根据企业的真实情况而制定引流款、定制款、利润款以及形象款等产品的数量比例，尽最大可能从竞争团队手中获得包括货品的风格和消费者人群的定位的信息。如今，不少线下向线上转型的农产品电商商家虽然脚步紧跟时代潮流，但思维还是停留在传统模式中，只凭主观意愿行事而脱离实际，无法用创新思维来经营网店。所以，网店经营不仅要“走出去”，还需要汲取各种不同新思维。

其次要设定销售目标。农村电商的销售目标要细分转化，只有进行更多、更深层次的转化，才能更接近电商销售目标。而更多的转化则依靠于更详细无误、更多的流量，只有流量更多，经营者才能更为精准地将目标锁定。又精准又多的流量来自站内和站外的推广方案和引流工具。因此，农村电商的经营活动一定要有销售目标，并且一切活动的出发点则是最终活动。

最后要设定客户目标。客服人员要向运营人员提供客户的购买占比和客户的基本组成等数据制定出有一定针对性的会员营销策略，以此来发展新客户，巩固老客户。

进行详细的分析

第一，货品分析。货品分析是对某种货品或者产品进行详细的剖析过程，含有产品用途的说明、材质的分析以及产品的样式等多个环节。农产品电商运营的关键环节之一就是对农产品的货品分析，在作出适合该产品的电商运营路线之前一定要明确产品的特性。

第二，销售分析。销售分析同样是一项至关重要的运营工作。在搜索引擎中输入产品关键词并进行搜索，有助于农村电商经营者通过各行业类目的流量转化率算出自身农产品的预计成交额。销售分析这个过程比较复杂，但意义重大。经营者可以根据销售分析的结果对销售策略进行一定的调整，进而实现良好的运营。

推广计划

在完成目标设定与分析后，推广计划差不多就能够顺利开展了。推广过程就是打造“爆款”的过程，不仅可以整合站内流量，还需要整合站外资源。推广活动与营销行为联系密切。运营人员一定要记住“尖刀运营法则”，将部分力量集中在某个点上。关键词和图片是农村电商网店运营的最大卖点，与网店运营同步的推广一定要牢牢抓住网店运营这棵大树。

执行计划

一个完整的运营方案包括策划案和执行案，两者都必不可少。确保执行计划的迅速精准安排，需要农村电商卖家做好下面的工作。

首先是各个岗位的工作细则，即确定执行计划的基础是明确各个岗位的工作细则，分工合作、紧密配合；其次是制定各岗位 KPI 绩效考核点，各岗位人员的 KPI 考核需要运营人员来制定。运转和经营整合在一起就是赚钱。运转机制由会议机制、PK 机制和公众承诺机制组成，经营机制考核点由薪酬机制和晋升机制组成，而运营岗位的 KPI 考核指标指的是每周的完成率。

进行实时优化

将上述四个维度优化到最系统、最高效的程度是实时优化工作的主要内容，也就是运营模式在建立后，基于以上四个维度的要求对问题进行归纳总结，并制定出日程表，内容是如何解决问题。运营人员可以借助思维导图管理软件来优化这些工作，在优化的过程中要牢牢抓住年度目标。要为目标而优化，不是为优化而优化。

上述五个维度是运营工作的重中之重，是不可分割的有机整体。运营人员要对上述五个维度的工作进行全面落实，做到不偏不倚。运营工作需要运营人员以严谨的逻辑思维、高度的理性来宏观把控农村电商网店运营的全局，对各项运营要素进行全面整合，要求运营人员以准确无误的优化、行之有效的行动、可行的计划以及精准的目标来保证电商网店的正常有序的运营。

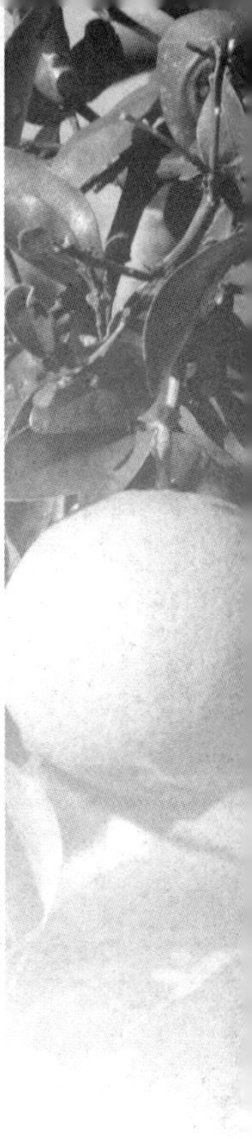

第六章
微商营销运营实践

信息技术的发展给人们的生活带来了巨大的影响，随着微信的普及以及移动手段的发展，微商逐渐走进了人们的生活。它是一种新型的电商形态，为大家提供了一条脱贫致富的渠道。

微信营销的前期准备

时代在向前发展，人们在进步，在这电商经济蓬勃发展的时代，网络营销已经进入一个快节奏、多元化的阶段，微信营销也俨然成为目前的主流营销手段之一。

有人通过微信营销而走上致富之道，但也有人苦心经营而毫无结果。因此在我们决定进行微信营销前，一定要做好前期准备工作。

微信营销前因思考的几个问题

第一，我们微信营销的目的是什么？如果你觉得大家现在都在做微信营销，是一个比较火的微信卖货渠道，那就很可能掉入微信营销这个坑。因为你没有想过自己是否适合做微信营销，没有看清微信营销的优势和劣势。微信营销是一种“熟人经济”，具备即时灵活、安全、方便快捷、支持的商家多、公众号订阅等特点，这让很多产品都适合做微信营销，但也有产品并不适合微信营销。所以只有清楚微信的特点和自身产品的特点，找到比较好的结合点，才能有效地运用微信营销。

第二，我们的目标用户是谁？他们平时使用微信吗？每一种社交软件都具备其自身的特点，譬如新浪微博、人人网、微信等，因为不同的软件有不同的定位和品牌文化，其主流用户类型也不相同，所以，同一产品在不同社交软件上也许能产生不同的效果。在我们开始进行网络营销之前，一定要先思考我们的目标用户是谁，他们是不是微信的主流用户，他们是否活跃，他们对什么样的内容感兴趣。在做微信营销之前，分析用户的类型，才能做到精准投放，这是网络营销的关键所在。

第三，做好自己微信的营销计划。如同传统的市场营销，微信营销也一样需要我们有计划、有策略地去执行。有不少人没有充分计划好就进行微信营销，常常会出现前期过度营销而后期没有内容的情况。毕竟每个人的精力有限，一段时间后，推送的内容出现质量不好、数量下降的情况，会给用户带去一种不好的体验，最终会导致用户的流失。因此，在微信营销的前期，一定要制订出相关的计划、策略。

充分考虑以上三个本质性的问题，才有可能做好微信营销，而不仅仅是为营销而营销。除此之外，怎样利用微信、微信平台的支付、怎样利用优惠活动带动用户的积极性等，都是我们在微信营销中应该注意的问题。

微信营销前期准备工作

第一，好的名字。一个好的名字，除了具备传播方便的特点外，还会让我们的知名度得到很大的提升。

在2019年，微信营销卖农产品的人群中又多了一个“小农女卖菜”，三个年轻有为的青年聚在一起卖菜，他们不是去菜市场卖菜，而是在微信上卖菜。他们能够成功，有一部分得益于他们有创意的名字，他们的思维突破了男人的限制，从“小龙女”“卖菜”想出“小农女卖菜”，不得不让人心生佩服。

第二，选好产品，在微信上做营销，选品十分关键。最好能够具备品质好、竞争小、大众需求、毛利高、易传播等特点。

第三，产品载体，为了能够在微信上下单、付款更方便，需要开通支付宝账号、微信绑定银行账号以及请专业的公司开发微店。

第四，解决好发货和售后问题。

微信已经成为各行各业的营销法宝，做好前期工作，能够让我们的微信营销之路走得更远，同时为我们带来丰厚的回报。

微信朋友圈经营技巧

随着通信技术越来越发达，人与人的交流不需要见面便可以实现，朋友圈是一个虚拟的网络社区。每个人都可以在上面发表自己的看法，各抒己见。有人的地方就存在商机，朋友圈在为我们提供交流的平台的时候，也为农特微商提供了一个销售农产品、走上脱贫致富的渠道。

怎样在朋友圈中推广自己要售卖的土产品呢？如何经营朋友圈才能售卖出更多农产品呢？

如何对自己定位

事实上，做微商就是做营销，定位就是做营销的第一步。因此，对于售卖农产品的微商来说，至关重要的事情就是要对自己有一个清晰的定位。我们只有弄明白自己售卖的商品是什么，提供什么样的服务，如此才能找到自己的目标客户。

视频分享

对于微商来说，微信中的小视频分享功能尤为重要。不少人对微商所经营的产品持质疑的态度，认为产品是假冒伪劣产品。图片可能有假，但视频做不了假，因此，农特微商可以用视频的形式将自己的发货过程和送货过程发出来，从而得到更多客户的认可。

提供价值

别人关注你的价值是什么呢？除了你俩是朋友之外，还有你有一定的价值。对于微商而言，你所卖出的产品对客户们起到一定的作用，这也是一种价值。

王丽是一个农特微商，每天都会在朋友圈里发发她所售卖的土特产品的图片、视频之类，每一张图片下面还贴心地附上其功能。某天，她的一个多年不见的同学通过微信找到她，问她是否在卖蜂蜜，同学说自己的肠胃功能不好，平时动不动就胃痛，看到她朋友圈里介绍蜂蜜有排毒促消化的功能，于是便想尝试一下。就这样，王丽便多了一个长期客户。

分享生活

微商营销是一种情感化和生活化的营销，这是微商营销与普通营销最大的不同。但是，不少卖家朋友圈中是铺天盖地的广告，一点生活上的内容都没有。很多时候，朋友圈里的人很多都只有一面之缘，互不了解，他怎样才能成为你的客户呢？所以，建议卖家在朋友圈发广告的同时，每天最少发一条与生活相关的内容，这样能够拉近与客户之间的距离。

除了这点之外，农特微商要还应该及时分享客户的好评，所在团队的风采等有亮点内容，同时以视频的形式将关于农产品的种植内容分享到朋友圈中。这些内容能够增加客户对你所销售的农产品的兴趣。

坚持原创

一般情况下，做得好的农特微商的朋友圈一般都是原创，较少出现直接复制、粘贴的内容。农特微商看上去简单，但真正做起来并不容易。一个好的农特微商时时刻刻都在思索着下一条朋友圈怎么发才能吸引更多的粉丝。

混圈子

“无社群，不微商”，这句话体现出了圈子和社群对于微商的重要性。要想成为能够赚钱的微商，就一定要有属于自己的圈子。相对于金钱而言，人脉是微商最重要的资源。农特微商要经常参加一些农产品推介会、农产品展销会等，然后将自己参加活动的信息发到朋友圈中去，既可以实现自我包装的目的，同时扩展人脉，增加影响力，从而推进农产品售卖。

借力营销

农特微商在参加农产品推介会或者展销会的时候，遇到一些有影响力的人，一定要抓住与他们交流的机会，然后将照片发到朋友圈中去，增强朋友圈中的人对你的认可和信任。

互动话题

农特微商除了要积极主动与朋友圈中人互动，还要引导他们互动，这是一种营销智慧，因此发到朋友圈中的内容要轻松有趣。

温柔刷屏

只有刷屏才能将产品卖出去，但刷屏也要注意技巧，不要频繁地刷屏，不然很可能被人屏蔽。作为农特微商，一天发 2 ~ 3 条产品信息，3 ~ 4 条生活分享即可，关于产品的信息一定要坚持原创，而关于生活上的分享，一定要轻松有趣。

微信公众号申请与推广

如今，在农产品微营销中，微信公众号发挥着至关重要的作用，并且作用越发重要。在新媒体中，公众号的价值和广告价值最高。

微信公众号是典型的自媒体平台，能够减少宣传成本和塑造出更有影响力的品牌形象；申请到一个公众号后，通过公众号就可以发表图片、文字、视频、语音、图文消息等内容；借助微信公众号，不仅能够进行素材管理、发送消息以及实时交流，并且可以在微信公众号的后台看到用户的信息，能够定期向他们发送信息，提高信息推送的专业性和精准性；微信公众号后台，具体了解客户信息，进行对客户的诉求和购买数据进行收集，精准地把握客户的需求，从而挖掘客户价值，提高用户黏度。

微信公众号的申请

第一步，在浏览器中搜索“微信公众号”进入官网，点击“立即注册”；第二步，进入邮箱认证，填入自己的邮箱，点击“激活邮箱”，想好一个自己能记住的密码，勾线同意协议，点击注册；第三步，选择“订阅号”点击，点击确定；第四步，用户信息的填写，进入微信公众号的编辑状态，完善个人信息，公众号申请成功。

微信公众号的推广

第一，内容质量取胜，做好公众号内容，自然会有用户看，用户口口相传，自然而然会有粉丝。第二，取一个好名字，在起步阶段，一个好的名字，用户主动搜索，这是一个自然、轻松的引流方法；除了名字外，公众号的简介要围绕核心业务来写。第三，互推，我们时常在一个公众号里看到“推荐几个高质量的公众号”，这就是所谓的“互推”，以此达到互相引流涨粉的目的。第四，做公众号裂变活动，快速增加粉丝。裂变活动即使受到了微信官方的限制，但依然不失为一个涨粉的好办法，在初始阶段是能够做的高性价比活动。第五，让员工的微信来帮助推广。不少公司的微信号在起步阶段，第一波粉丝除了来自裂变外，很多时候都是自己的员工，让自家员工发朋友圈，在他的朋友圈传播开来，也能起到推广作用。第六，开发相关的小游戏或者小测试等，放在公众号里，用户想玩就需要关注公众号，但游戏、测试必须有趣，这样才可能起到传播效果；第七，给其他公众号推广，如果我家的文章写得好，但初期阶段苦于没有粉丝，可以去给比较好的公众号投文章，经过投稿主体同意后，在文章里加上自己产品的信息；第八，结合自家产品，选择适合的其他渠道作为宣传阵地，如微博、知乎、百度系、小红书等，来推广自己的公众号；第九，视频 / 直播引流。

在公众号整体流量有所下降的时候，热点拯救无数个微信公众号于水火之中。2017 年 10 月 28 日，著名歌星周杰伦在杭州举行演唱会，到了点歌环节，一个自称是“小仙女”的女生为前任点了一首《算什么男人》，这段视频在网上迅速升温，成为热点。“小多酱”微信公众号在深夜 2 点发文，迎合这个热点，不到 24 小时，一篇推文阅读量超过 100 万，最终超过 140 万。

公众号涨粉没有看上去那么简单，但也没有那么难，有的时候一篇好文章、一次成功的直播、一次成功的展会等，都会带来很多用户。但最重要的还是核心本质，做好内容，然后巧用各种渠道，这样就会将公众号推广出去。

开通微信支付功能

微信自从推出了公众号“新年红包”后，便快速地活跃在各大微信群中，并于2014年除夕夜为全国人民所知。从此微信支付走进了人们的生活，同时改变着人们的生活方式。

微信支付是集成在微信客户端的支付功能，用户能够用手机来快速完成支付流程。微信支付以绑定银行卡的快捷支付为基础，来向用户提供高效、快捷、安全的支付服务。

如何开通微信支付功能

个人开通微信支付功能：先打开微信，点击“我”选项，进入“支付”选项，点击“钱包”；进入“钱包”选项后，点击“银行卡”选项，进入后，点击“添加银行卡”后便可以对密码进行设置；根据提示输入卡号和持卡人的姓名，填写卡的类型，输入手机号，绑定完毕；手机会收到一条短信，里面附带验证码，填写验证号后确认。两次输入，完成支付密码的设置，银行卡绑定成功。

商户功能的微信支付，是公众平台向商家的公众号提供的推广销售、支付收款以及经营分析的整套解决方案。商家通过关键字回复以及自定义菜单等形式向订阅号推动商品的信息，商家可以在微信公众号中完成选购支付的流程。同时，商家可以将商品的网页生成二维码，张贴起来，用户扫描后便能够打开商品详情，然后直接在微信上下单即可。

第一，申请成为公众账号支付商户必须要有公众账号，并且是服务号，公众账号必须通过微信认证，微信认证资质审核通过后，才可以申请微信支付功能。第二，申请的具体流程，进入申请页面，如实填写“商户基本资料”“财物审核资料”以及“业务审核资料”等；签署承诺函，资料审核通过后，按照要求下载承诺函模板，并签名盖章；签署协议，确认商务信息以及在线签署微信支付服务协议。每个阶段审核时间是 7 个工作日。

微信支付的优势

便捷性，为了使用方便，人们在自己的微信上绑定银行卡，付款的时候就能够通过手机完成付款。用户出门购物时只需要一部手机，就能够实现随时随地支付，不需要携带现金，避免付款时找零的不便，提高购物的便利性，减少排队结账时间，让生活更高效。与此同时，商户的货款能够即刻到账，在很大程度上简化了商业交易的环节。

多元性。微信支付的付款方式有在线二维码支付、离线扫描等。微信支付还可以用在信用卡还款、转账、微粒贷借钱、手机充值、理财、生活缴费、城市服务、腾讯公益、医疗健康等。用户在付款的同时，享受会员尊享服务，得到各种优惠。

微信能够进行生活缴费，包括水费、电费、宽带、煤气等，进入微信后，点击“我”，进入“我”选项后，直接点击“生活缴费”，点开“生活缴费”后，可以看到“电费”“水费”“燃气费”“固话费”“宽带费”“有线电视”等详细具体列表，然后进入进行缴费即可，这为人们的生活提供了极大的便利性。

安全性。当用户使用微信支付时，会收到用户的付款信息。还有，腾讯与 PICC 达成协议，用户如果在使用微信支付时发生资金被盗的情况时，能够获得来自 PICC 的全额赔款，只需要提供相应的损失真实性证明以及身份证明即可。

微信小店创建与经营

这些年来，互联网的迅猛发展推动了电商的快速发展，微信小店是电商的一个分支，如果正确地去经营店铺，是能够给我们带来可观的收益的。微信小店一上线，就意味着微信公众平台上真正地实现了技术“零门槛”的电商接入模式。

微信公众平台于 2014 年 5 月 29 日正式推出了微信小店，将各式各样的小店搬进了微信里。登录微信上的“服务号”，就能获得管理货架、轻松开店以及维护客户的简易模板。微信小店一经推出，便成为受人瞩目的焦点。

微信小店的创建

第一步，添加商品：首先选择商品的类目，然后按照要求来填写商品的基本信息，包括商品名称、商品图片、商品库存、商品详情以及运费等。第二步，对商品进行管理：首先对商品进行分组，可以设置不同的分组来对商品进行管理，分组便于将商品填充到货架中；其次是商品的上架与下架，能够快速地对商品进行上下架操作。第三步，货架的管理，先对货架进行选择，选择完货架后，将分组管理里面的商品添加到货架中，然后发布货架，对已经编辑成功的货架点击发布，复制链接。第四步，小店的概况，可以查看小店的订单数和成交量等。第五步，订单的管理，用户购买商品后，会生成一笔订单，商家能够查询订单，然后进行发货。

微信小店的经营

微信小店的经营与移动端淘宝比较类似，我们在微信小店的经营上需要注意几点。

第一，社交红利。事实上，每一个账号都是有一定凝聚力的，在每一个账号后面都是一个个真实存在的个体，那是我们的潜在用户，是我们需要营销的对象。微信小店店主需要做的是拓宽自己的社交圈。

对微店不陌生的人来说，“哈爸”是一个耳熟能详的名字。哈爸原名余春林，之前是某个网站图书频道的负责人，之后做起了自媒体，最后成功地开了一个微信小店。2014年2月24日，微店营业不到一个月，当天的营业额就达到了33152.5元。次日，由于买家多，商品在下午两点的时候就售完了，一上午的营业额也达到了14637.5元。哈爸说，他的秘诀是他很重视粉丝的力量，他常常会发布一些好文章来涨粉；通过展示自己，与粉丝建立起良好的关系；最后就是销卖粉丝想要的东西。

第二，建立自己的特色。一个微信小店要想运营好，一定要具备自己的特色。所以，在设计方面，一定要看起来更为精致。在网页方面，一定要进行优化。完美无缺的页面能够给客户一种心旷神怡的感觉，这样客户才能身心愉悦地去查阅商品，如此才有下单的可能。

第三，更好的管理，运营一个微信小店，管理是一个至关重要的因素，尤其是在客户和商品的管理上。在商品的选择上，一定要选择那些有着较强的竞争力，比较受欢迎的产品，这样对客户才更具吸引力，这是至关重要的一步。另外，还要发展自己的客户群，只有这样，才能经营好自己的微信小店。

最后，在经营微信小店时，一定要做到亲力亲为，尽自己最大的努力去经营好小店。

微信商城创建与经营

随着移动电商时代的到来，微信商场已经成为大家的一把营销利器，很多微信商城的商家纷纷摩拳擦掌，力争在电商营销中分得一杯羹。

微信公众号自从问世以来，短短几年时间就拥有了10亿的用户。这样让人震惊的数据信息背后隐藏着巨大的商机。微信第三方平台顺势而为，立马推出了“微信商城”，占领10亿微信销售市场主阵地。微信受欢迎度极高，这成了不少商家的一种营销方法。

微信商城的创建流程

第一，前期准备。人们想要搭建微信商城，一定要先明白自己要销售的商品具备什么样的特性、需要搭建什么商城以及可以满足顾客哪些要求。先整体规划一下，然后做好创意文案，再去开展实际工作。

第二，建立账户。在微信服务平台，人们既可以凭借微信小程序来搭建商城，还可以在微信公众号里搭建商城。不管人们选什么样的方式，都需要申请注册账户。

第三，制作商城。人们在申请公众号的时候，会经过一系列的审批。通过后，账号就注册完毕，那么就可以接入商城了，开通对应的功能即可。这也需要经过比较严格的审批过程。很多商家这个时候会选择第三方，因为独立开发出的商城个性化较强，有利于商家打造出自己的品牌。

第四，上传和关联，当商家制作好商城系统后，下一步就是将其上传到微信平台，里面有相应的上传接口。商家需要在商城里上传自己的产品，然后等待审核。

第五，通过审核。当上述的工作全部完成以及审核通过后，消费者就可以打开网页进行浏览了。

微信商城的经营

面对一个陌生的东西，消费者一开始都会抱着质疑的态度。那么我们该如何去经营自己的微信商城呢?

首先是要突出微信商城的特色，提高品牌竞争力。今天，很多人在做微信商城，如果没有自己的特色，不注重产品的质量，那么就没有用户对此感兴趣，也就留不住客户。因此，我们要对用户进行分析，了解什么才是他们真正需要的，他们对什么感兴趣。在突出品牌特色的时候，一定要强调产品的质量，如此才能吸引潜在的客户。

其次注重用户，通过互动来建立信任感，与用户们保持紧密的联系。如果我们想要了解用户感兴趣的内容以及他们真正的需求，互动便是最好的办法。通过互动，既能了解他们的真实想法，还能提高微信商城的访问量，提高用户体验，增强用户对我们的信任感。互动后，我们要维护这些客户群，与其保持紧密的联系。

2013年，富军和妻子说要在微信商城上卖粟米，说干就干，他先免费向自己的微信朋友赠送粟米，这为他的售卖粟米之路打造出良好的口碑。然后，富军通过各种活动，增加自己的微信好友。为了与这些好友保持紧密的联系，他平均每天在朋友圈更新6条信息，并成功地策划了一次线下营销活动。到了2013年11月底，他销售出的大米超过了200万斤。

再次要提升服务质量。服务质量首先体现在服务态度上，在我们为用户服务时，首先要让用户感受到我们的用心，感受到我们设身处地地在为他们着想；还要汇集人气，每隔一段时间做一次营销活动或者限时秒杀，用优惠活动来聚集人气。

从次，引流、注重品牌效应。刚起步的微信商城经营者可以通过各种渠道来投放自己微商城的产品软文，将新用户引流到自己的微信商城，提高商品的曝光率。同时我们可以借助其他具有品牌效应的产品来借力起步。

最后，还要进行商城设计，专业事专业做。微信商城经营者一定要注重微信商城的设计，严格要求每一个细节，包括商城的名称、产品图片、版面规划等。可以请专业人士来设计。

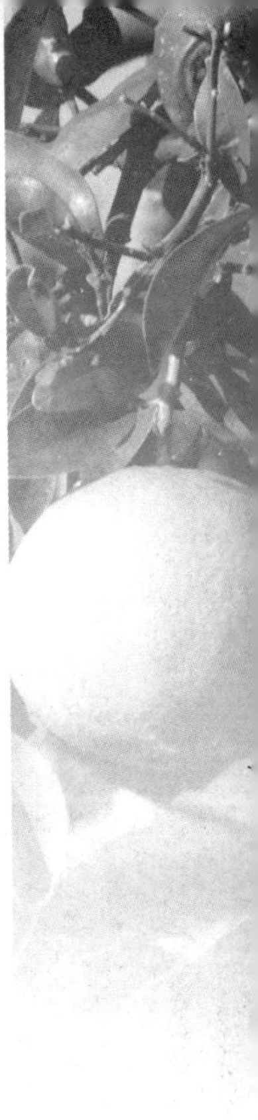

第七章
商业巨头的农村电商战略

如火如荼的农村电商已经开展了6个年头，各大电商巨头纷纷加入，农村电商争夺战的各方力量有增无减，大有“引无数英雄竞折腰”的势头，它们各具特色，共同推动着农村电商的发展。

阿里巴巴的战略部署

一直没有被人重视的农村电商市场在2014年间突然大火，农村电商争夺战正如火如荼地展开。这个时候，农村淘宝的试水让阿里巴巴信心十足。阿里巴巴还会给农村电商带来什么样的惊喜呢？

第一届中国县域电子商务峰会于2014年7月初在杭州召开，一百多位县长齐聚阿里巴巴，一同探讨农村电商的未来之路。这场名不虚传的电商“县长大会”万众瞩目；同年7月底，马云首次来到浙江丽水，对遂昌县的农村电商进行调研。这位叱咤风云的企业家戴着草帽，行走在乡间小路上的照片风靡全国。2014年，阿里巴巴在美国上市，集团未来的三个主要战略包括农村电商、大数据和跨境电商。

有了阿里巴巴的加入，农村电商快速地成为人们的焦点；阿里巴巴于2014年10月宣布了农村电商的战略，推出了名为“千县万村”的计划，计划投资100亿元，在全国1000个县建立电商服务中心以及10万个行政村建设淘宝服务点，并决定将浙江桐庐作为首个农村电商试验点。

精心准备，重磅推出

阿里巴巴在推出农村淘宝计划之前可谓是苦心经营，除了马云亲自去农村调研外，2014年10月，阿里研究院发布了《农村电子商务消费报告》，数据显示，农村电商有非常好的发展前景。在过去3年时间里，淘宝农村消费比例一直呈上升趋势。

阿里巴巴集团于2014年10月13日在第一届浙江县域电子商务峰会上宣布了启动千县万村的计划，主要的目标是在3—5年内向农村电商投资100亿元，建设农村淘宝服务点10万个以及县级电商服务中心1000个。为了保证这项计划的顺利实施，阿里巴巴制定了相关工作的重点：首先是投资基础，详细来说是在县村建立运营体系、做好基础建设以及加强物流；其次是激活生态，从而培养更多的服务商、卖家和买家，培养出人才；再次是在农资O2O、农村金融以及农村代购服务等方面进行创新；最后创造出价值，帮助农民发家致富、增加就业机会，实现新型城镇化。

阿里巴巴同县级政府合作，一起为8个领域的项目出资：第一，县政府负责县级服务中心的基本装修、硬件、购置办公设备、软装。第二，村点建设，包括电脑 / 电视等设备的购置，村点装修以及门面设计。第三，人员配备，包括招募农村淘宝合伙人、派遣阿里巴巴人员现场指导等。第四，物流体系，依靠菜鸟物流信息平台，选择好的县城物流服务商，来进行物流补贴，实现“村村通”。第五，人才培训，主要是提供系统化的培训系统，与县政府相关部门展开合作，定期对人员进行培训。第六，线下推广，主要是拓展相关的业务和广泛开展线下的宣传推广。第七，平台建设，主要包括平台入驻商家的招募、平台的对接、商家的管理、地方特色馆等二级平台的搭建。第八，线上运营，主要开展线上特色活动、线上业务拓展以及线上宣传推广等。

迅速升级，集聚英才

2015 年，淘宝推出了“千县万村百万英才”项目，准备在 3 年内培养出农村电商领头人 10 万、农村淘宝合伙人 10 万，提供工作岗位 100 万，通过针对从业人、领头人、合伙人的培训，使更多的淘宝村、孵化中心和创富协会出现，培养出真正属于农村、县域的电商基因。为了保证这一项目的顺利实施，阿里巴巴前后与团中央、国家发改委展开合作。

与此同时，阿里巴巴进一步地梳理了村淘服务站的功能，努力打造出生态服务中心、创业孵化中心以及文化公益中心，从而改善农村的生态面貌。

主推下行，探索上行

在推行过程中，众多电商最饱受人诟病的是上行不足，即让农民买得多，而帮助农民卖得少。事实上，不是阿里巴巴不想做好，而是整个农产品体系难以与电商衔接起来。原因在于阿里巴巴是电商平台，入驻平台的商家是销售主体和载体，阿里巴巴能够提供的是品控体系和平台流量，而能够承载上行的服务商太少、农产品到商品再到网货之间的产业链不完善是如今县域面临的最大困境。但面对指责，农村淘宝还是作出了一些积极探索，让阿里巴巴的其他平台进行资源支持。

农村淘宝于 2015 年 8 月协调阿里巴巴的内部资源，将安徽霍山石斛、江苏沛县牛蒡、吉林通榆葵花籽、广东临安土鸡蛋、黑龙江肇源大米、陕西栖霞苹果、广东化州橘红、江西玉山红糖、湖南湘莲供 9 个县域的优质农产品放在聚划算平台上进行销售。消费者可以登录“聚划算”APP 直接下单，从而获得来自全国各地的优质原生态农产品。最后的数据显示，来自孟州 5 万份玉米在 37 小时内全部售完，在农产品促销方面，阿里巴巴的团购平台——聚划算彰显了其强大的实力。

农村淘宝正在通过激发当地电商创业，完善县域电商产业链，最终让当地的电商承担起农产品电商上行的重任。

京东："三 F 战略"

在阿里巴巴紧锣密鼓地推出关于农村电商的相关战略时，京东也不落于人后。2014 年年末，京东全国第一家电商试点县在四川仁寿落户，仁寿县人民政府成为京东下乡"千县燎原"计划第一个签约地区。从此，京东在农村电商发展之路上一路狂奔。

2015 年，京东加快了发展农村电商的步伐。到了 2016 年 6 月末，京东的乡村行政村多达 27 万个，乡村推广员多达 27 万人；京东帮服务店超过了 1500 家，京东县级服务中心超过 1500 家，地方特产店、特产馆超过 1000 家。

用"两条腿走路"来快速落地

为了能够在短时间扎根于农村，京东按照"两条腿走路"的思维来行事。"京东帮"的其中一条腿是"京东帮"服务店，主要采用合作模式来运营，选择县域实力最强的家电销售商来授权合作，主要的服务包括家具、大家电在内的一切配送以及交付不方便的大件商品业务，是集销售、配送、安装以及维修四位于一体的服务店。

与京东单纯的电商相比，“京东帮”服务店却有些苏宁范儿，即门店里会展示部分样品，算得上是线上线下一体店。消费者能够在现场体验，在现场下单，或者过后自己在手机上下单，县域里一切订单都由京东集团来采购，然后运到各个县城的“京东帮”服务店，最终送到消费者手中。京东第一家“京东帮”于2014年11月建立，随后便如雨后春笋般出现，到了2015年，“京东帮”超过了1000家。到了2016年6月，“京东帮”一共超过了1500家，覆盖了行政村超过了40万个。随着业务量的不断增加，京东打算凭借大数据来增加“京东帮”服务店的备货量，如此，颇受欢迎的商品就能够实现限时送货上门或者门店自提，这样配送速度就能够大大提升。

京东县级服务中心是京东的另外一条“腿”，它的性质是京东自营，主要负责推广运营、购物体验和业务咨询等，也负责乡村推广员的征召募集，以及他们的培训，主要是向消费者推广并销售“京东帮”服务店范围之外的一切小件商品，同时可以销售大件，但当前并不提供配送服务。一般在县级成立京东县级服务中心，招募乡村推广员，他们的任务是进行电子商务推广宣传营销，代替消费者下单、网络支付，提供电子商务服务等。服务中心可以代替村民收货，或者代替他们提货并将其送到消费者的家中。京东县级服务中心负责乡村推广员的招募，根据推广销售和业务量付给一定的佣金。截至2016年6月，京东已经招募了“京东乡村推广员”27万名。

用“3F战略”来丰富农村电商的内容

农村电子商务饱受人诟病的是，工业品下行太多，帮农民卖出去得少而让农民买得多。京东是自营的电商平台，农产品类目在不断扩大推广，因此，这为农产品上行起着推动作用。与此同时，农村电商的竞争已经从简单的商品买卖向生态体系竞争转型，呈现出了从农产品到旅游、文化，从商品到金融、生活服务转型的趋势。在这种环境下，京东在 2015 年下半年开始升级农村战略，这就是“3F 战略”。

“3F 战略”指的是工业品下乡战略、农产品进城战略以及农村金融战略。工业品下乡战略，主要是针对农村商品价格高、品种少、质量次、售后难问题而提供的解决方案，凭借京东完善的自营电商平台和发达的物流体系来实现。总的来说，京东商城的农村拓展，仅仅需要加强终端的物流配送和推广，困难不大，乡村推广员和“京东帮”服务店的管理和有效激励是核心。

农产品进城战略，以解决农产品难以卖出和卖上价等难题为目的。现如今的农产品上行，在一定程度上，不是电商不愿意去努力而是无能为力。原因在于，这些难题涉及产业链和供应链等各个环节。因此，勇于做农产品上行的电商多多少少会有失败的经历。京东有自营平台、农产品电商，尤其是生鲜类目正在大规模扩张，所以在上行方面摩拳擦掌。

京东于 2015 年 5 月推出了“E 路高歌”“枇杷行”活动，通过京东电商平台，四川仁寿县将 21 万亩的枇杷销往全国各地，快速打开了仁寿枇杷的国内市场。与此同时，四川本地的枇杷销量猛增，而福仁缘

枇杷原浆饮料和枇杷酱等产品也顺势上线，这次活动的销售额高达 192 万元。在这之后，福仁缘勇往直前，接二连三参加了京东“双十一”“6·18”以及年货节等活动。2016 年第一个季度，福仁缘获得了超过 1020 万元的好业绩。在福仁缘之后，京东再次策划了怀宁蓝莓节、仓溪红心猕猴桃节等活动。

农村金融战略，以针对性解决农村金融服务不完善为主要目的。为了使农村电商的发展速度更快，京东金融为乡村推广员试点授信，从而正式进军农村金融。它有两方面内容：一是向农村提供消费信贷服务，拓展“京东白条”业务；二是推出农资产品电子商务以及相对应的“京农贷”业务。

除此之外，京东还与县市政府展开合作，加快了建立京东特产馆、特产店的步伐，向本地的电商企业开放物流体系和平台，最大限度地利用京东的资源、流量、技术等优势，大力推广当地的特优食品、地方特色工艺品等，从而推动当地经济的发展。

总体来看，京东同阿里巴巴一向的平台思维不同，坚持以自营为主，并充分依靠自己的金融服务和物流体系。

苏宁：“三化五当”战略

与做 3C 产品起家的京东和与做电商平台的阿里巴巴不同，苏宁是由传统企业转型而来，但它的转型之路并不顺利，在网上渠道和传统渠道相互影响的情况下，苏宁以背水一战的勇气着重调整了企业的构架，同时重新审视了战略布局，并努力前行。

苏宁有着不同的出身，这注定了它与阿里巴巴、京东有着不同的农村战略，在推进工业品下乡的同时，苏宁利用城市不少的实体店，不遗余力地促进农产品进城，从而实现双向流通，同时施行“精准扶贫”计划。

苏宁农村电商战略落地的四个支点

虽然苏宁的农村战略是在 2014 年年末才公布的，但事实上在 2013

年就通过之前的三、四级市场代购点、售后服务网点等升级改造，推出了一大批集招商、销售、物流、售后、客服于一体的苏宁易购服务站。这些自营服务站，囊括了家电、3C、百货、日用、母婴、美妆、食品、酒水等多个品类，同时还有线下体验店。除了销售外，服务站还具备招商、便民服务、购物消费、品牌推广、金融理财这些功能。在苏宁服务站，有专业人员耐心地向村民传授网购经验，以及帮助解决物流售后问题，除此之外，还提供代购车票以及免费贴膜等服务。

苏宁初期的农村电商主要基于两个维度：一个是让农村用户得到高质量、低价格以及好的服务；另一个是自下而上，将农村好的土特产品推销出去。那么，如何让品质优良的农产品进城呢？苏宁方表示，苏宁超市业务上线后，在短短一段时间内，新增用户多达 100 万以上。与此用时，超市商品复购率高，这增加了苏宁用户的黏度。也正是在这种环境下，苏宁的农村战略是想将农村变成苏宁超市的一个产品采购地，将大量好的商品带到农村，同时启动农产品众筹、农产品直采等项目，将好的土特产销往全国各地。不过这种简单的战略思维显而易见不能适应农村的现实状况，因此苏宁的农村电商战略也一直在完善中。2016 年年初，经过多次调整完善的苏宁农村战略转变成了 4 个支点。

第一个支点是人才培训，人才培训是苏宁农村电商的重中之重，苏宁计划向所在区域内的商户、农户、贫困户定期展开电商培训工作，向他们普及电商知识，加强他们的电商意识。

第二个支点电商扶贫。苏宁是首个与国务院扶贫办签约的电商，承诺帮助扶持建档的贫困户，帮助贫困户销售产品，从而增加贫困户的经济收入。

第三个支点产品上行，发掘各地有一定规模、产量的土特产品，对产品上行渠道进行拓展、推进产品的销售，解决生产农户的销路问题，增加农户的经济收入。与此同时，在贫困地区施行“一村一品”“一县一业”计划，也就是说帮每个村镇推广一款成品，帮每个贫困县打造一个优势产业。

2019 年 12 月 28 日，在查干湖冬捕首网新鲜的胖头鱼出水之时，苏宁依靠其强大的供应链体系，在超市年货节期间进行网上销售。苏宁还策划了“舌尖上的苏宁”活动，在“大聚惠”平台上进行销售，一小时就卖出了 2000 条胖头鱼。

第四个支点是综合服务，这主要是依靠乡镇级别的苏宁易购服务站和县级别的苏宁中华特色馆来进行商品销售、便民服务、金服服务、特产招商以及物流售后这些功能。

“三化五当”模式备受瞩目

在一些地方，农村电商没有做成功，一个至关重要的原因是地方政府有他们的考虑。因为到目前为止，农村电商，以工业下行的居多，并且平台一般在城市，这样容易造成税收流失和消费流失等情况，对当地的实体经济造成了不利的影响。对于农产品的上行问题，这是一个较为烦琐的系统工程，需要解决从生产端到销售端之间所有的问题，本身产业链就不完善，如果事必躬亲，对于任意一家电商而言，都是难以实现的。因此，苏宁的农村电商计划也始终在不断调整。

苏宁的农村电商战略于 2016 年 5 月进行了进一步的升级，宣布成立农村电商学院，并发布了2016年农村电商战略，明确提出“三化”愿景和“五当模式”。“三化”指的是人才专业化、农产品品牌化以及农业产业化。而“五当模式”指的是“当地销售、当地纳税、当地服务、当地就业和当地造富”。为了能够实现上述目标，苏宁还相应地提出了四大配套举措。一是提高物流向农村渗透的速度，二是金融下乡，三是开放信息平台，四是培训平台的搭建。

关于苏宁的转型，业界的看法不一，但不管怎样，苏宁也一直在努力前行，是否能够在农村实现设想中的双向流通，这让人期待不已。

中国邮政：一只醒来的“狮子”

在过去的十年中，随着阿里巴巴、京东的崛起，中国邮政原有的市场逐渐被侵蚀。于是，有人戏称，中国邮政是一只还没有睡醒的电商“狮子”。但它正在醒来，在农村电子商务之路上奋起直追。

回望过去，中国邮政有着强大的电商基因，它有强大的物流系统和金融支付系统。2005年，有学者分析说，中国邮政会在电子商务的发展中呈现星火燎原之势，但真实情况却不是这样的。在接下来的10年里，中国邮政并没有取得历史性突破，反而被以“四通一达”为代表全面爆发的快递业侵蚀了市场；在金融支付方面，中国邮政储蓄同样表现平平，反而是阿里巴巴的“支付宝”迅猛发展，甚至成长为一个新的金融帝国，即蚂蚁金服集团。因此，这10年可以说是中国邮政逐渐失去市场的10年。

中国邮政在奋勇直追

中国邮政不是不想在电商方面取得成就，它从未停下探索的脚步。事实上，“邮乐网”电商平台几年前就已经上线，只是还不为大众所知。

根据资料显示，“邮乐网”是由TOM集团和中国邮政联合办起的一个平台，由中国邮政控股并运营，主要经营数码家电、母婴用品、食品保健、居家生活、个人护理、箱包鞋帽、品牌服饰等。在中国邮政的战略布局中，“邮乐网”代表着其从实业领域进入电子商务领域，最直截了当的作用是在赚取商品进货、销售差价的同时，给中国邮政旗下的营业网点、物流配送设施提供了大量的业务。据了解，在 2014 年 1 月邮乐网已经完成了 1.1 亿美元的第一轮融资，估值高达 50 亿元；到了 2015 年，邮乐网的销售额高达 240 亿元，增速很快。

邮乐网从 2013 年开始加快了其农村电子商务发展之路，试图通过 O2O 模式将互联网和基层邮政网店连接起来，让电子商务顺利落地。一方面，“活动推广 + 村邮站代购 + 目录营销 + 投递配送”的工业品下乡模式由此形成；另一方面，试着形成“农产品加工企业 + 邮政网点 + 邮乐网”以及“农户 + 村邮站 + 邮乐网”的农产品进城模式。根据邮乐网在河南商丘探索出来的经验，对农村电商平台进一步完善，实现“缴费一站通”“积分兑换”“邮掌柜”三个系统在综合服务平台上的叠加。其中，“邮掌柜”系统是中国邮政为了推进农村 O2O 战略而专门研发的一套系统，以邮乐网为基础平台，具备商品采购、商品线下代购、会员管理以及进销存管理等功能，与此同时，还提供多项诸如代收话费、电费和水费的服务，从而有效地提高邮政和村邮站的黏合度，为邮政发展代理金融、保险等业务提供了一定的保障。“邮掌柜”系统能够替代农村超市传统的进出货手工计算、盘点等操作，而实现操作上的智能化。带来的好处就是做到价格上的准确无误，清晰地统计每天的营业额，对超市目前有多少货物、还剩多少货，哪些需要进货，做到了如指掌。

在试点地区，这一套系统大受欢迎，尤其是在扫描枪配置以后，似乎立马让农村超市现代化起来了。到了2015年年末，“邮掌柜”和“邮乐网”系统已经在全国11万个村得到了应用，可谓神速。到了2016年9月，这两个系统已经覆盖了全国26万个村庄，发展速度之快让人震惊。

中国邮政存在的问题

邮乐网存在的问题也显而易见，其依然定位于自运营的综合式B2C，其运营能力并没有受到业界的认可。如果能开放平台，将15万名配送人员、3.6万银行网点、4.6万邮政营业网点的优势发挥出来，其竞争能力会大大提高。与此同时，一方面，基层的邮乐网系统在对外招商，建设基层的服务点；另一方面，基层的邮政服务人员并没有得到充分解放。假如能够在机制上完全激活基层邮政队伍的活力，那么就会大大提高其扩张能力。

再从战略上检讨，虽然中国邮政在向新领域探索上一往无前，但这并不是它最擅长的，所以，如果能将邮政在农村物流上的优势发挥出最大作用，那么它的明天将无限光明。

中国电信：“直接动手”

农村电商的发展基础是网络，中央政府已经明确要求宽带进村，新一轮电信投资浪潮即将到来。但中国电信并没有就此满足，它同样开启了自己的农村电商之路。

农村电商一往无前，几大电信运营商也尝到了甜头，一个最具代表性的例子就是淘宝村。只要有淘宝村，那么这个地方的电商服务一定优良，如中国电信为淘宝村的信息服务站提供了高速的宽带接入，无线 Wi-Fi 环境、视讯系统、热线电话，等等。

自建电商平台上线

中国电信与旗下号百公司一起搭建的 B2C 电子商务网站 114MALL 正式投入运营，根据平台简介信息，主要的运营模式是商家入驻，主营的商品是全国原产直邮特产以及海外自贸区直邮品牌。金融支付作为电商的一个基本支撑是不可或缺的。但在 2011 年，中国电信就开通了翼支付，将其作为中国电信旗下互联网金融和运营支付的业务品牌。但是，114MALL 同时有多种支付方式，诸如支付宝和银联等。中国电信运用翼支付的线下消费能力推出了“翼商联盟服务站”，也就是中国电信使用给商铺装翼支付的 POS，给其店铺进行推广和优惠营销活动提供支持。

青海的农村，地大物博，目前没有任何电商进入。因此，青海电信将原来的“翼商联盟服务站”进行了升级，农村电商服务点出现了，功能除了原来的充值缴费等电信服务外，还增加了网络代购、翼支付体验、包裹邮寄、网络代购等功能，与此同时，还能免费手机 Wi-Fi 上网、免费电脑上网体验、免费观看 ITV 电视，使用翼支付购买商店的商品享受 9.5 折优惠。因为本地不少村民都不知道如何上网，因此店里还有专门的“3C 辅导员”，耐心地教村民们怎样上网以及网购。在购物的选择上，代购平台很多，除了电信本身外，还有淘宝和京东等多个平台。因为只有电信在青海承接电子商务进村的“最后一公里”，因此商务部给予 7200 万元的电子商务补贴项目资金。

中国电信青海公司于 2015 年启动了“2015 年大美青海 · 金秋海北”农特产品网络平台的销售活动，具备一定影响力的 15 家名优企业入驻中国电信 114MALL 以及“青翼购”电子商务平台，参展促销的商品达 188 个品种，包括蜂蜜、牛羊肉、鹿产品、黄蘑菇等，这有助于海北名优企业以及土特产品走出海北，打通了省内外的网上销售渠道，同时有效地解决了农特产产品进城和工业品下乡的问题，有助于农村电商的发展，实现了电商惠农的目标，在整个活动期间，销售额超过 68 万元。

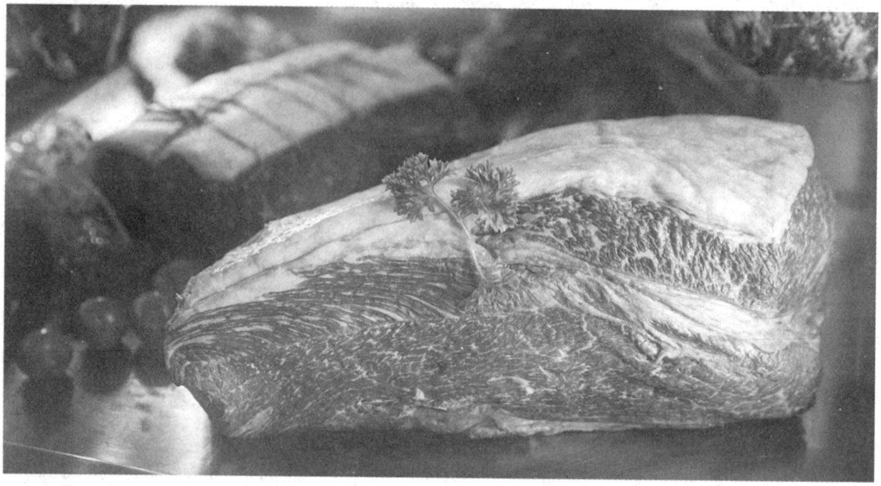

与京东展开合作

中国电信和京东于 2015 年 12 月签署了合作的协议，双方就农村市场的“实体渠道 + 农村电商”展开合作，涉及农村市场的渠道发展、终端供销、电商分销以及通信服务等多个方面。从实际情况来看，双方取长补短，譬如京东没有电信的服务，而电信的商品的丰富度不如京东，两者可以强强联合。

与地方电商平台合作。比如，四川遂宁电信与遂宁顺意通电子商务有限公司展开合作，一同建立了电信农社信息平台和其乡村站点，电信的任务是负责益农平台的培训以及优惠活动的补贴；而顺意通的任务是村级服务站的培训、商品的展示和物流的配送。在陕西，铜川电信和逛街网电商展开合作，一同建设电商服务点，地址在照金革命根据地旧址。

显而易见，中国电信与农村电商相结合的趋势已经势在必行，但发挥自己的特长才是最佳的电商模式，学他人，走他人已经走过的路，都不是最佳的选择。电信怎样把自身电信的优势展示出来，都值得去深思。

供销总社："王者归来"

随着经济全球化和信息时代到来，供销合作社只有顺应时代潮流的发展，提升市场竞争力，大力发展电子商务，才能在瞬息万变的激烈竞争中一直立于不败之地。

改革开放以来，中国原有的经济格局和利益格局被打破，有失意者，也有得志者。或许没有几个人能够想起，一夜之间供销社就以国有企业的身份出现，对整个县以下的商品供应实施了垄断，并在20世纪80年代初达到了如日中天的地位。在那个年代，在供销社工作就相当于拿到了铁饭碗。随着改革开放的到来，市场经济大潮给农村商品市场带来了多元竞争，基层的农技部门"抢占"了供销社的一部分资源，紧接着，如雨后春笋的私营企业"抢占"了大部分市场。到了20世纪末，曾经无比光彩夺目的供销社慢慢淡出了人们的视线，一些甚至成了地方政府不安定的因素，出现了职工上访的情况。

国家的政策支持

国家也想过不少办法来解决供销社的问题，以推动其积极改革发展。比如，国务院在2009年11月17日以国发〔2009〕40号印发《关于加快供销合作社改革发展的若干意见》，提出了供销社要加快构建农村现代经营服务新体系的步伐。供销社于2015年迎来了最高标准的改革文件——中共中央国务《院关于深化供销合作社综合改革的决定》(中发〔2015〕11号)，文件提出"把供销合作体统打造成为与农民联结更紧密、服务功能更完备、市场化运行更高效的合作经济组织体系，成为服务农民生产生活的生力军和综合平台，成为党和政府密切联系农民群众的桥梁纽带"，并在发展合作金融、承接政府购买服务等方面提供了政策支持，尤其着重强调了"加快发展供销合作社电子商务"，希望"形成网上交易、仓储物流、终端配送一体化经营，实现线上线下融合发展"。但是2015年、2016年的中央1号文件以及国务院办公厅《关于促进农村电子商务加快发展的指导意见》(国办发〔2015〕78号)都明确指出，对供销社发展电子商务持支持态度。

供销总社的自我救赎之路

在这种情况下，供销总社立即行动，筹划了大型三农综合电商平台——“供销 e 家”，并于 2015 年 9 月末进入试运营阶段。“供销 e 家”是全国供销合作社统一的综合性电商平台，着重于农产品电子商务和农村电子商务的发展，发挥综合经营、供销并举、双向流通以及一网多用的独特优势，既满足了村民的日用消费品、农业生产资料的供应，同时实现了农副产品的上行，形成线上交易、仓储物流、终端配送一体化经营，实现线上线下共同发展。

根据新闻报道，供销社的交易功能提供了 O2O 在线交易、B2C 零售交易、批发交易、B2B 大宗交易等交易模式；服务功能主要包括支付结算、培训服务、技术支撑、便民服务、为农服务、物流服务、金融服务以及质量认证和产地追溯等。如此，供销社平台的功能全而大，甚至超过阿里巴巴，交易内容包括农产品电商、农资电商、工业品电商、旅游电商、二手货网上交易以及便民服务等多项内容。

但自“供销 e 家”上线以来，国内民众对其分歧不断，主要围绕下面几个方面展开：一个是电商否能够同时承担 O2O、B2C、B2B 等功能；网上网下一体化模式说起来容易，但现实中成功的案例却很少，强大的苏宁在这个方面曾经挫折重重，供销社作为电商新手又怎样顺利实现整合呢；除此之外，电子商务已经进入生态化阶段，简单地拥有平台说明不了什么问题，比拼的是平台背后的电商服务业、供应链整合、人才培养、快递物流、金融支付、人才培养等生态系统，供销社是否能够在短时间内完成生态构建让人质疑，等等。

从实际运营看来，供销社的农村电商之路并非一路畅通，如今还停留在全国总社自有平台的层次，暂时不能将全国供销系统囊括在内，于是各个省、市乃至一些县的供销社又接二连三地自建了电商平台，在无形之中，这又分散了力量。更至关重要的是，一些好的设计最终体现在得到市场认可上面，怎样让更多的消费者愿意到供销 e 家上下单，这才是真正的考验，这需要强大的电商服务软实力，对服务的细度、管理的精度以及人才的厚度都有着较为严苛的要求。

到了 2016 年 9 月供销社电商平台上线一周年，“供销 e 家”电子商务平台上线的品种超过 4 万，半年的营业额超过 3000 亿元。这充分说明，这些交易额的创造显而易见不是我们一般理解上的普通商品零售电商，原因在于，每一种品种的平均交易额超过 7600 万元，几乎都是网上批发交易规模。

大通电商在 2016 年一共完成了 150 家农村电商服务站的建设和 8 家乡镇农村电商服务中心，大到电视机、冰箱等家用电器，小到食品、服装通过服务站送到农户家，帮助村民代销土鸡蛋、笋干菜、猕猴桃、杨梅等农产品 700 余万元，已经渐渐成为当地农村电商发展桥头堡。

最后，我们还是要祝福供销社，毕竟在一个瞬息万变的时候，能够勇敢地站在互联网的风口浪尖，已经是勇气可嘉，接下来就是不断地去完善战略和具体地去执行。

淘实惠：县域电商自生态的美好愿景

面对农村电商如此庞大的市场，不少商业巨头纷纷在农村布局。在这中间，淘实惠异军突起，而它提出的“县域自生态”的口号更受人瞩目。

2016年3月，人们被一条关于农村电商融资的消息吸引住了，农村电商平台“淘实惠”宣布获得来自阿米巴资本的领投，中信资本、飞猪资本、启赋资本等多家机构、王亚伟等个人的跟投，获得了超过3亿元的A轮融资。不仅这样，“淘实惠”的负责人还说，B轮融资也正在进行当中，如此巨大的首轮融资，表明淘实惠还是大有来头，并引发了行业人士的极大关注。

深厚的电商基因

淘实惠电子商务有限公司是动态科技集团旗下的公司，而动态科技集团还有不少分公司，诸如深圳动态联合供应链有限公司、深圳捷风物流科技有限公司、深圳智慧城电子商务有限公司、深圳动态网络科技有限公司等。集团的平台有“淘实惠——农村电商平台”“捷风——农村物流服务平台”以及“田觅觅——乡村旅游和农产品为核心的本地生活服务平台”。业务包括农村电商产业园的建设、农村电商人才培训、农产品上行、县村仓配物流平台建设、农村电商供应链服务、农村电商IT平台的建设等，有着十分广泛的业务面。

受人瞩目的是，淘实惠的4名创始人中，其中两人有着阿里巴巴多年的从业经验。一个从事连锁经营，一个从事物流，在电商和物流方面十分专业。其中，创始人陈伟有着十几年的电商从业经验，在阿里巴巴担任6年淘宝管理者和6年B2B区域经理；创始人黄阳担任过华强电商总经理和怡亚通物流总监，同样是第一批授牌的淘拍档；联合创始人孙伟有着将联合创业公司的化妆品连锁店的规模扩大到1200家、量贩式KTV开到上百家的经验；联合创始人龚涛有着在阿里巴巴工作5

年的经验，负责阿里物流宝平台的构建与运营，曾担任顺丰仓配事业部 CMO；COO 刘樾之前是 7-Eleven 中国区高管、柒一拾壹（北京）有限公司董事副总经理，有着丰富的连锁门店管理和商品经营经验。

农村淘宝向左，淘宝惠向右

农村淘宝 2.0 版本于 2015 年正式上市，固点不固人是其最大的变化。农村淘宝 3.0 版本于 2016 年正式推出，对村淘服务点的功能进行了拓展以及增加了合伙人的收入来源。

同农村淘宝的转型相比较而言，淘实惠坚守着自己原来的路线，即坚持依靠农村小卖铺来嫁接，主要通过给小卖铺提供一块电子屏幕，并丰富小卖铺的商品种类，村民们可以在上面直接下单。淘实惠将其命名为农村的“线上沃尔玛”。这种模式带来了轻资产、投入少的特点，主要由淘实惠的县域合伙人投资；在不影响原先的生意条件下，还能够增加一部分收入，农村小卖铺的经营者还是愿意效劳的，电子屏是落地式的，村民操作起来非常方便，村民可以自主下单。

打造县域自生态，主要经营在当地

对于淘实惠来说，对村级的小卖铺进行改造是其农村电商的第一步，与一般电商从外部强势入驻不同，淘宝惠更倾向于借助现有的体系，对其进行改造、升级，而不是要代替原有县以下的商业体系，从而实现线上线下融合，打造县域生态就应运而生。

县域自生态的关键内容为：构建县村两级服务网络，实现农村电商终端的全面覆盖；帮助当地传统商贸企业互联网转型，推动线上线下融合；构建农产品信息共享平台，促进产销对接；搭建县乡村三级物流体系，实现工业品和农产品的双向流通；培育电商人才，加强电商服务，强化“县域自生态”基础，最终实现县域电商的大进大出格局，并且将消费、税收、人才、就业、GDP 留在当地。

湖北省恩施土家族苗家自治州建始县官店镇，盛产优质野生猕猴桃，经过相关的农业专家介绍，其含有丰富的维生素 C，药用价值较强，是纯正的天然绿色水果。以前除了少数当地村民采摘外，剩余只能白白烂掉。淘实惠县域运营中心建成后，除了帮助村民解决购物难的问题外，还利用该野生猕猴桃的潜在价值，帮助很多村民增加经济收入。

在备受瞩目的物流整合上，注重本地化，就是搭建像菜鸟一样的物流信息平台。数据化是整个电商的核心，为此，淘宝惠推出了“聚百优”“惠掌柜”“云 WMS”三套配套工具，从而让整个物流实现自动化、智能化、数据化，以此来降低物流成本，提高物流速度。

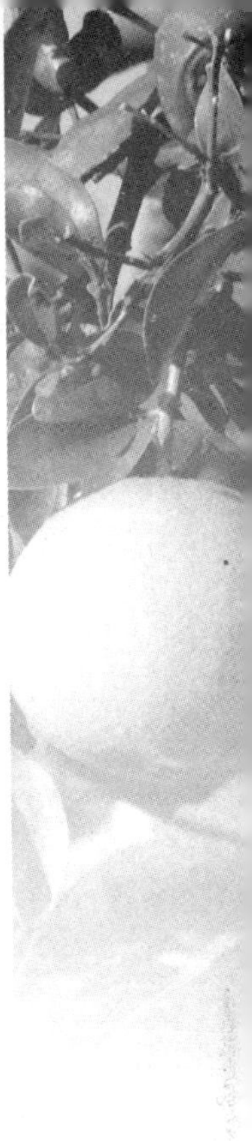

第八章
农村电子商务的成功案例

在电商的发展下，越来越多的村庄拥有了更广阔的发展空间。各个淘宝村的出现，不仅为农村电商的发展指明了方向，更改善了农村的经济面貌。

浙江义乌青岩刘村：淘宝村迎巨变

浙江义乌青岩刘村，从一个普通的城中小村，发展成为“中国网店第一村”。其电商的发展，让这个村庄发生天翻地覆的变化，村庄中更是上演了无数个创业神话。

国务院总理李克强于2014年11月19日出现在浙江义乌青岩刘村。这让该村名扬四海，引起很多人关注。

“国网刚店第一村”求生存

青岩刘村位于浙江省义乌市南郊，只有1500人。经过2005年的旧房改造，新建起的200多栋五层楼让青岩刘村面貌一新。每个村民按户籍领到新楼房。青岩刘村有着优越的地理位置，与闻名遐迩的义乌日用百货批发市场毗邻，外来做生意的人源源不断。与此同时，青岩刘村与货运市场仅仅只隔一条马路。所以，在批发市场做生意的人一般都愿意来这里租房。到了 2006 年，青岩刘村的房屋租金日趋稳定，甚至成为村民的主要收入来源，青岩刘村的村民过上了丰衣足食的生活。

但这种情况维持到 2008 年后就发生了改变，2008 年经济危机席卷全球，批发经济受到了巨大的影响，租金大大下降，原本自得其乐的村民们开始焦灼不安，原因在于之前在篁园市场做生意的房客要全体搬走，这对于村民们来说，无疑是一大灾难。如此一来，过去熙熙攘攘的出租屋，现在门庭冷落。为了解决村民生计问题，有村民提议尝试电子商务这条出路。让人没有想到的是，在短短的两三年时间内，这个决定不仅改变了整个村子的面貌，还让青岩刘村再创佳绩，更促进了周边地区经济的发展，别具匠心的电子商务格局由此形成。

村里“电商派”积极分子刘文高将当时村里存在的 100 多家的淘宝网商人召集在一起，成立了专门的电商发展促进小组，鼓励大家相互交流经验。刘文高还主动找电信合作，与相关负责人多次商讨，想要实现无线网覆盖全村的计划，使村庄成为相互联系的整体。经过一番波折，4 兆光纤终于入户。与此同时，刘文高还引入了“网络超市”的新模式。超市将库存的几千种商品实物拍好图片并备好文案，这让那些网络经验薄弱的商家不再受编辑之苦。创业者入驻平台后，不用思前想后，只需要上传有关资料到自己的网店上即可，然后就是等待，等待客户下单，接着就是从“网络超市”中集中提货。

除此之外，刘文高还请来不少义乌工商学院的专业美工为他们村的网商设计网店装修，使他们的商品更具吸引力。万事俱备只欠东风，店主们只需要“全心全意地研究淘宝经营技巧”即可。

“中国网店第一村”电商的蓬勃发展

几年之后，凭借“网商 + 房租经济”模式发展起来的青岩刘村一路乘风破浪，不断地探索着前进，如今更是生机勃勃。以“全球十佳网商”何洪伟为代表的一大批来自五湖四海的年轻人就是被青岩刘村的淘宝神话吸引过来的。现在，青岩刘村的租金日益见涨，促进这个村落整体经济的增长。

经过这些年农村电商的快速发展，原先默默无闻的青岩刘村，从不见经传到蓬勃发展，网上的营业额不断地创新高。网商们凭借当地政策和地理优势，已经走出了青岩刘村，走向整个义乌市，也使该村庄荣获“中国网店第一村”的称号。

如今，青岩刘村网商经营行业遍地开花，五金工具、玩具以及十字绣都成了网上大火商品。青岩刘村不仅打破了“日用百货”单一的行业格局，让电商的内容琳琅满目，更让网商结构发生了巨变。新的网商格局向多个领域发展，在混批网商的带动下呈现多元化发展模式。

除此之外，在农村电商的浪潮下，电子商务成为一个新的经济热点。在“中国网店第一村”的光环下，全国各地怀揣梦想的年轻人蜂拥而至，青岩刘村宛然成了网店的孵化器，在创业浪潮中不断前进。

河北清河："电商"点亮致富路

河北清河最具特色的商业群体是"电商"，清河也成为全国最大的羊绒制品网络销售基地，是名不虚传的淘宝县。

在县域电商的发展中，河北清河的情况与浙江义乌颇为相似，都是在原有传统市场的基础上，实现了网上市场的繁荣昌盛，但它们的不同点是：义乌是用电商引领产业发展；而清河则依靠农民的实践换来"柳暗花明又一村"的盛况，再由政府抓机遇，全面推动网上市场的繁荣发展，最终让羊绒产业迎来快速发展期。现在，"电商"成为清河县别具一格的商业群体，清河成了全国最大的羊绒制品网络销售基地。全县淘宝天猫店已经有了2万多家，年销售额高达15亿元。羊绒纱线销售占据淘宝七成以上，成为当之无愧的淘宝县。

柳暗花明又一村

在国内，清河的羊绒产业一直久负盛名，其起家于20世纪70年代到80年代，是当时我国最大的羊绒纺纱基地，羊绒原料为全国羊绒总量的50%，纱线占全国纱线总量60%，因此有"羊绒之都"和"羊绒纺织名城"的美誉。但由于缺乏品牌运营经验、销售渠道不畅，2000年之后，羊绒制品的生产销售一度陷入低迷。在村民的尝试下，整个电商在清河蓬勃发展起来。

2007年，东高庄村民刘玉国开始尝试在淘宝上销售自己生产的羊绒衫，结果一发不可收，他很快成了全县知名的“淘宝大王”。在刘玉国的带领下，整个东高庄村掀起了在线上售卖羊绒纱线的热潮。以东高庄村为核心，在全县范围内，淘宝商户迅速增多。到了2014年年末，清河县有8个淘宝村，1个淘宝镇，在全国县级行政区域占据第3名。

东风劲吹好借力

面对蓬勃发展的农村电商，县委、县政府顺应时代潮流，推进羊绒产业上线，升级转型。一是全国出击。在始终推动各类经营主体开设网店的基础上，新百丰羊绒（电子）交易中心落成，国内差不多有200家企业在线上售卖羊绒，建立“B2C”模式的“清河羊绒网”和O2O模式的“百绒汇网”，吸引100多家商户在平台上开网上店铺。二是园区承载。加大基础设施建设的力度，先后建立了电子商务产业园、物流产业集聚区和仓储中心等大量的电子商务产业聚集服务平台。三是加工升级。财政对那些引进先进羊绒纺纱设备的电商商家予以2000元到4000元不等的补贴。羊绒纺纱生产线在6年前只有40条，而到了2014年，羊绒纺纱生产线多达140条，计算机横机在过去不超过100台，到了2014年已经超过3000台。全县羊绒加工量虽然与之前差不多，但所创造出的产值却由初加工时的70亿元，上升到2014年的160亿元。2008年之前，在整个羊绒产业，清河县羊绒深加工产品只占百分之十几，到了2014年，这个数据已经超过65%。四是实施品牌战略。清河荣获中国服装成长型品牌有12个，荣获河北省知名商标的有8个，跻身“中国羊绒行业百强”的羊绒企业有24家。现在，清河羊绒产业，不但已经形成了从分梳到制条、纺纱、织布、制衣、织衫、后整理销售等完善的产业链，并且人才劳动市场、横机配件市场、制品市场、梳绒机、毛渣市场、原绒市场、物流等配套系统也建立了起来，羊绒产业的经济时代已经到来。

为有源头活水来

清河县政府一直秉承着这样的原则，那就是网商需要什么服务，他们就提供什么样的服务，前前后后成立了三大中心。一是孵化中心。村民经营网店，需要对店面进行装修设计，县里就请来美工、摄影、网店设计等专业机构，为全县的网商提供服务，在县职教中心设立常年培训班，对村民提供免费的“淘宝网入门”“网店提升”等技能培训。二是研发中心。县里聘请专业的羊绒服饰设计人才，成立羊绒制品工艺设计研发中心，为各个网店提供免费的设计服务，前前后后一共推出了超过1200款潮流款式。三是检测中心。积极主动地同国家羊绒产品质量监督检测中心取得联系，经过协商，清河设立了羊绒制品质量监督检验中心分支机构，这样淘宝商户不用出县城，就能将权威的第三方检测报告拿到手。

清河电商这个事例告诉我们，在电商的发展过程中，政府要顺应潮流的发展而有所作为，以完善的服务维护正常市场秩序来促进电商的发展，以强有力的政策保障产业的升级转型。

山东博兴：农村电商10亿县的炼成

山东博兴淘宝村兴起的原因，除了有着得天独厚的产业基础外，还与县内一群有着高度创新意识的草根创业者、大力扶持电商的县政府分不开。

在2013年的时候，全国只有20个淘宝村，山东博兴一个县就有两个淘宝村，其中一个是博兴经济开发区的顾家村，另外一个是博兴县锦秋街道湾头村。在2013年两个村的交易额多达4.17亿元，一个做土布，另外一个做草编。也正是抓住农村电商的发展机遇，博兴县将传统艺术、实体经营以及电子商务销售平台进行了对接，让老粗布、草柳编等极富民族特色的产品搭上了互联网这辆顺风车，从而实现了农民在淘宝网上的二次创业。

截至2014年年末，全县拥有8374户农村淘宝商户、淘宝村6个、淘宝镇 1 个，为 2.7 万人提供了岗位，2014 年一年线上交易额高达 6.9 亿元。阿里巴巴于 2015 年 1 月 25 日在博兴县正式启动了“千县万村”计划。2016 年，山东博兴县网上交易额超过 10 亿元。

湾头村的法宝

作为全国草柳编工艺品出口基地，博兴湾头村的淘宝村的形成可谓是具备了天然的优势，不仅有着充足的货源，而且有着良好的口碑，电商门槛低，成本也低，模仿是轻而易举的事情。

在博兴湾头村，有一个名叫胡伟的村民，他在 2005 年时开了村里首家淘宝网店铺，在线上卖村里的草柳编手工艺品。2008 年，胡伟店铺创下了 70 万元的业绩。看到胡伟走上了发家致富之路，乡亲们纷纷前来取经。在 2008 年，在东营市开网店卖书的贾培晓回到老家湾头村，他也从事起了草柳编工艺品的线上销售。2010 年以来，他家的营业额一直呈现快速上涨的趋势。

现在，在湾头村从事电商生意的店铺有 500 多家，有 20 家到 30 家年销售额已经超过 100 万元，有三四家订单一个月超过了 1000 笔。

顾家村的突破

地处博兴经济开发区的顾家村，2013 年，该村的淘宝网电商交易额高达 3 亿元。在顾家村老粗布市场，老粗布经营户有 200 多家，有

100 多户从事网上交易，大部分都是“80 后”。为了满足线上消费者的需求，传统的老粗布产品已经突破了枕巾、床单、粗布等低端家具用品，开始售卖家居饰品、演出服、中式服装等高端家居用品。高端订单还包括清华国学总裁班的唐装学员服以及佛教协会的中式粗布服装，由此可以看出顾家村的电商交易实力和产品的质量。

县政府的“野心”

淘宝村的成功，促进本县传统企业的线上转型。目前为止，全县电商商家超过了 3000 家，从业人员 2 万多，开展线上贸易的企业占据了 80%。博兴县十分努力地将传统艺术、实体店以及电子商务销售平台整合在一起，秉持着“政府引导，企业主体，市场运作，多措并举”的基本原则，按照“初级阶段放水养鱼、发展阶段政府扶持、壮大阶段行业规范”的工作定位，将电子商务归为战略新兴产业，创新体制机制，加强人才的培养，让品牌化更强。

首先县里开办各种培训班，广泛地培训电商人才，从而提高网点的经营水平。其次，县政府与山东工艺美院签署合作协议，建立手工织布设计研究院，在博兴县设立粗布设计研发工作室。再次，县政府加大市场推广的力度，前后参加“山东省文化产业博览会”“中国非物质文化遗产博览会”以及“韩国艺术双年展”三个展会，凭借商务部全国农商网，建立起老粗布、草柳编等一批产品博兴专页。最后，抓产业配套，在顾家村，除了正在营业的老粗布市场，一座家纺城正在筹建当中，包括展览馆、生产车间、仓储物流区等。

博兴电商告诉我们几个道理，那就是：一要推进传统外贸的及时转型；二是发挥人才所起的至关重要的作用；三是注重线上线下结合；四是政府应该及时引导和提升产业发展。

浙江海宁：传统行业的转型、升级

一提起海宁，大家都耳熟能详，它是全国赫赫有名的皮草城，是皮革、皮毛、裘皮服装、皮革服装的集散中心。在这个电商蓬勃发展的时期，海宁也一直紧跟时代潮流，推动电商行业的发展。

海宁的电商之路起步非常早，淘宝网刚成立时，海宁就有不少的中小商家和青年创业者紧跟时代潮流，尤其是2008年金融危机爆发后，外贸出口受到了极大的影响，单纯的电商企业网上销售十分火爆，这让一些长时间从事实体店销售的传统企业按捺不住了，海宁皮革行业更多的企业经营者开始转变思维，积极踊跃地投入电子商务发展的浪潮，竭尽全力地走出一条以实体店销售为支撑，以线上销售为推动力的“双管齐下”的营销模式。

看上去一帆风顺的电商发展之路在2010年出现了转折，网上同行业的竞争逐渐呈白热化，依照传统思维进行的网上卖货行为遭遇困境，主要体现在：生产体系的不适应，在个性化消费的市场要求下，原来的单款走大单模式不得不向小量多批次的新生产模式转型；经营方式的不适应，在同业恶性竞争面前不知如何应对，最后出现了“低价营销—以次充好—质次价廉”的恶性循环；产品结构的不适应，皮革服装消费具备显而易见的季节特点，如果不能在正季售出，大量的库存积压会让企业难以承受其重。2013年，海宁皮革城商品积压总价值高达30亿元。

探索多条腿走路

在让人痛苦不堪的现实面前，海宁电商开始了自己的探索之路，即采用多条腿走路的形式。

一是与阿里巴巴集团签订协议，共同打造了“阿里巴巴海宁产业带”，一个网上大型批发市场、零售市场由此形成。2014年，入驻的企业多达441家，交易额高达2.4亿元，产业带平台推动了网上诚信通业务的发展，在2014年，诚信通海宁企业创造了6.8亿元的交易额，比2013年的交易额多出6.8亿元。

二是推动海宁皮革转型，开始建立网上商城，由“海宁·中国皮革城”与工商银行浙江分行合作开发了第三方网上交易平台，即“海皮城”。这开辟了电子商务实体店与网店相互结合的新模式。

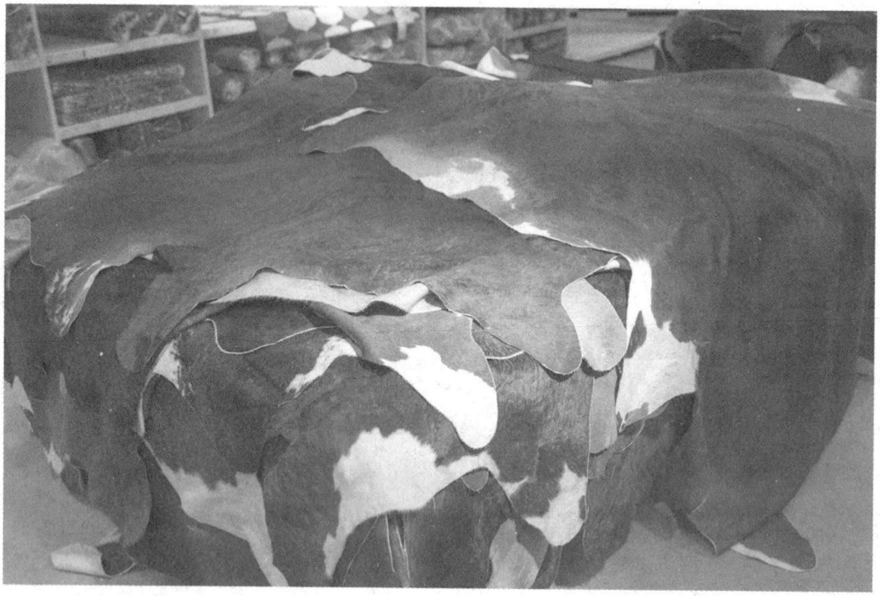

三是积极推动海外电商的发展，超过 95% 的外贸企业纷纷通过阿里巴巴、环球市场、网上广交会、环球资源等平台发布信息，以此来获得订单；一部分企业开始积极主动地入驻跨境电商平台。这些措施取得了比较明显的成效。

到了 2012 年年末，海宁网商（B2C/C2C）已经超过了 1 万家，新增就业岗位超过 4 万个，网络年销售额超过百亿，荣获“浙江省首批电子商务示范市”以及“浙江省缎子商务创新样本”称号，位于“2013 年中国电子商务发展百佳县”榜单第三位；2014 年，全市有 1500 多家从事与电子商务相关的企业，有 2 万多家网商和 870 家天猫经营企业，占嘉兴区的 40%，网络零售额已经超过 2 亿元。海宁的电商之路让人见识到了电商对一个产业所产生的深刻影响。

最终被电商改造

最基本的是，一定要顺应电商发展的潮流，推动产业转型。一是转变思维，将加大电商人才的培养计划落到实处。电商的快速发展已经让传统的网上卖货思维过时了，市场上引导各种类型的培训机构和电子商务企业合作，依靠大专院校、职业技术学校共同建立电商人才培育基地，培育具有实际操作能力的电商综合人才，提升电商经营水平。

二是加大市场监管力度，推进品牌战略。加大对假冒伪劣产品的查处力度，奖励那些加大网络销售的企业，推动传统的中小企业和家庭作坊向“品牌运营＋网络营销＋标准化生产基地”的精细化管理模式转型。

三是对电商服务进行强化，制定并出台了《关于加快电子商务发展的实施意见》以及相配套的扶持办法，对发展电商平台、培育电商企业、建设电子商务园区以及开展电商配套服务等方面，进行人才、资金和税收等方面的支持；前后投入资金并建起了6个电子商务园区；顺丰、韵达以及申通等物流服务企业在全市遍地开花，依靠产业聚集优势引进大批服务商和第三方服务平台，电子商务服务体系得到进一步完善。

我们从海宁电商明白一个道理：传统产业一定要牢牢抓住电商机遇来实现自身的转型、升级。在这个过程中，一定要按照电商的发展规律来对传统产业模式进行改造，对产品的研发、生产以及销售模式进行改进，并实现企业经营理念以及经营模式上的根本转型。

甘肃成县：小小核桃的电商之路

甘肃成县气候温润适宜，光热资源十分丰富，有着悠久的核桃种植历史。正是这小小的核桃，带领着全县人民走上电商之路，同时成了成县走出去的一张亮丽的名片。

如果没有县委书记李祥的大力推动，那么成县很可能只是一个寂寂无闻的小县城而已。但这一切看上去倒也不复杂，在县委书记的带领下，全县人一同努力，一起为同一款产品——核桃吆喝。

翻看县委书记李祥的新浪微博“@成县李祥”的记录，可以发现这样的一个规律，在6200多条的微博中，含关键词“核桃”的有802条，这还不包括转发带核桃内容的相关微博，核桃书记名不虚传。他对核桃的痴迷体现在，他会拍下核桃生长的每一个环节，并配上文字称赞一番，哪里有销售渠道、哪里有展销会，哪个媒体报道了成县的核桃，他都要夸耀一番，干核桃好吃、青核桃好吃、加工的核桃味道更好，如此这般，肯定会给人留下深刻的印象。一个县因为“核桃书记”而打开了知名度，县委书记李祥也因为卖核桃而一举成名，他不仅微博粉丝大涨，还成为各类讲座、论坛和媒体采访的常客，不断地扩大着成县核桃的影响力。

全县人卖核桃

县委书记的亲力亲为，能够起着较强的示范推动作用，由“核桃书记”发动的核桃宣传攻势如火如荼地开展起来。党政干部、县直各个部门、致富领头人、大学生村官等，全县上上下下都开通微博，不约而同地宣传一个东西，那还是核桃。在这样一种强大的合唱声中，媒体和社会各界人士纷纷加入了宣传成县的核桃队伍中，一时间，关于成县核桃的新闻满天飞。2013 年，成县通过网络、微信、微博等新媒体，在兰州以及上海等地成功地销售超过 120 吨的青皮鲜核桃。

全县做核桃

卖东西、做产业是宣传的主要目的。在关于核桃的新闻满天飞之际，成县核桃的展销厅、营销窗口、形象展示店紧锣密鼓地办起来了，快速地展开铺货模式；一批网上销售窗口也快速地打开，淘宝店和微博链接，微营销井然有序，淘宝上与“成县核桃”有关的产品已经多达 292 种；核桃系列产品生产线也正在紧锣密鼓地投建中，形成了干核桃、青核桃、核桃仁以及核桃食品的系列化；围绕核桃开展的核桃文化等活动接二连三地举行，从而推动核桃的销售；核桃标准化示范园在紧锣密鼓的建设中，产业规模一直在扩大。

全面开花

仅仅凭借一个核桃，县域产业规模和市场容量毕竟有限，核桃仅仅只是成县电商的探路者，他们的最终目的是形成电商扶贫的县域经济之路。果然不出所料，在核桃走出了属于自己的电商之路后，成县相继推出了其他一系列的土特产品，诸如成县土鸡蛋、成县樱桃、成县金银花、成县土猪肉、成县香菇等。目前，仅仅带着“成县”字样的淘宝店铺有 159 家，经营的产品达 1058 种。为了推动电子商务的发展，县上成立了电商协会，县委书记还成了顾问；频繁地邀请全国电商界的知名人士，搞科研、做培训、提建议；聘请一批电商人才加入成县电商队伍；启动筹建农业产品交易中心和电商产业园，从而解决产品的配送和供应问题以及人员的培训工作。全县的电商产业链正式运营了起来。

成县的电商实践告诉了我们一个道理，选择一个优势品种，集中推行、整体推行，在一个点上率先突破，从而带动全民电商创业以及促进电商行业的发展。与此同时，可以看出，电商要成为主导工程，才能让电商开局；而在基础条件不好的地方，一定要调动全县所有的人力、物力，来实现全力突破。

吉林通榆：专业的事情专业的企业来做

吉林省通榆县那广阔无垠的土地上有着丰富的农产品，但其地理位置偏僻，如何打破“酒香也怕巷子深”的魔咒？通榆县搭上了电子商务这辆顺风车，摆脱了贫困。

通榆县电商的发展受到了物流、人才等种种因素的限制，怎样开启县域的电商之路，需要先从思维上进行突破。如果按照通常情况下的农村电商之路，从最基本的电商创业做起，在没有任何的电商基因的情况下，不仅发展速度缓慢、并且空费时日，实际效果大打折扣。通榆县政府依据自身情况积极地引进外援力量，同杭州常春藤实业有限公司展开合作，为通榆农产品“量体裁衣”，打造出了“三千禾”品牌，并在线上实现广泛的推广。

宏大的设想

通榆县电子商务的发展计划是，投入10亿元，由杭州常春藤实业有限公司来建设吉林云飞鹤舞农牧业科技有限公司、全国100家农畜产品线下实体销售体验店、通榆县绿色生态食品城、电子商务平台等子项目。2015年，电子商务平台建成，网上的销售农畜产品达1万吨；10平方千米的绿色生态食品城落成，入园企业达30家，优势农产品种植面积达300万亩；开设“云飞鹤舞”“大有年”“三千禾”产品专卖店100家；将吉林云飞鹤舞农牧业科技有限打造成国家级农业产业化龙头企业。

其中，2013年10月14日，三千禾旗舰店在线上正式运营，主要经营的产品有葵花、燕麦、绿豆和小米等农产品，上线当天交易金额超过40万，交易笔数达到13000单。2013年，吉林省通榆县域与1号店在北京签约，这标志着通榆电商的全面推进。根据签约协议，通榆县从基地选择出好的农产品，通过1号店等好的电商渠道销售到全国各地。而根据了解得知，由县级政府带头，并同国内遥遥领先的电子商务企业形成合作联盟，这在当时算是首例。

农产品品质过硬

费这么大劲来做农产品电商，不管运营手法是如何创新的，关键还在于农产品的品质。在这方面，通榆县就显得信心十足。

通榆县地处科尔沁草原东陲，拥有优良的天然弱碱肥沃土壤，是生产杂粮的黄金产区之一。通榆县县长杨晓峰说，通榆县拥有广袤的耕地面积，杂豆杂粮产量高，质量好，境内还有一个世界级别A级湿地。对整个通榆县是生态县这点，国家予以了肯定，全县没有大的工业企业，所以在生态和环境上提供了保障。而“三千禾”的主打品牌形象是“天然弱碱粮仓”。

值得注意的是，为了打消消费者对农产品的顾虑，通榆县县长和县委书记联合给全国消费者写了一封“致淘宝网民的一封公开信”，并挂在了淘宝聚划算的第一页，这一真诚而亲民的做法赢得了网友们的一致好评，在一定程度上大大提升了消费者对通榆农产品的认可度。

重要的三招

为了推动电商的发展，通榆从三个方面出发：一是出台政策、成立机构，前后成立了通榆县电子商务领导小组，设立了通榆县电子商务发展中心，并将“三千禾旗舰店”作为指定的网店，秉持“统一品牌、统一包装、统一标准、统一质量”的方针，并开通“禾协会”微信公众平台，及时发布有关通榆农产品的各种信息；出台了《关于促进电子商务发展的若干政策》，成立三千禾合作社联合社、通榆县电子商务协会，并设立了通榆县电子商务专项发展基金。

二是对产业配套进行加强，建立电商直销基地，优先10个品种、建立种植基地1万亩，按照电商的要求来进行生产；建立农畜产品的质量指导中心和检测体系，建立草原红牛、肉驴、肉羊、大雁等畜禽产品的养殖基地。

三是加强合作研发。通榆县同白城市农科院展开合作，开展技术指导服务以及提高生产水平；与吉林大学和中国农业人才等进行对接，增强技术和人才支撑。

吉林通榆县的电商实践告诉我们一个道理，那就是政府对农产品资源进行整合，将包装、线上经营和营销委托给有实力的大型企业，地方政府、电商企业、村民、消费者以及平台一起创造价值并共享价值，既满足了大家的价值需求，又带动了当地经济的发展。

陕西武功："买西北，卖全国"口号唱得响亮

借助农村电商的发展东风，陕西武功突破了县域区位局限，提出了"买西北，卖全国"的响亮口号，成功地打造出了"西北电商第一县"。

陕西武功的电商起步于2013年12月1日，虽然不能用天翻地覆来形容其电商的发展，但至少可以用取得巨大的进步来表述。陕西武功电商园区的建立、电商产业服务平台的配套、超过1200个淘宝店铺的上线，168家电商企业的入驻，"买西北、卖全国"口号的喊出，"中华农都、电商新城"的县域经济定位，无不显示了武功电商正处于蓬勃发展的阶段，而日平均5万单的发货量以及40多家物流公司的入驻，充分地证明了武功电商的繁荣。下面主要是初步梳理一下武功电商的模式。

武功电商实践的四大特点

阿里巴巴发布的几个县域的电商模式各具特色。浙江义乌，可以将其称为"网上的再造"，它是利用优势产业基础与电商基因嫁接；浙江遂昌相当于在荒漠上拓荒，以政府背书、整合资源来推动发展；甘肃

成县是“一个核桃的逆袭”，县委书记李祥起带头作用，集中一个单品——核桃来开辟市场，从而带动县域电商的全面发展；吉林通榆是政府与知名企业合作，由政府提供资金，企业对农产品进行包装、研发与推广。那么，武功又具备什么特色呢？

思维更加开放。“卖”是一般县域电商的主要立足点，也就是怎样将产品卖出去。武功在提出将产品卖出去的同时，更提出了“买”。卖是经济，买也是经济。假如武功只是将自己电商模式局限在卖产品上的话，那么他们电商规模就十分有限。一买一卖，这才是完整的经济，发展空间也更大，这是他们在思维上的突破。

视野更开阔。县域是一般县域电商的主要立足点，但武功县已经突破了县域这个狭隘的概念，提出了“立足武功，联动陕西，辐射西北，面向丝绸之路经济带”的目标计划，这个目标充分地考虑到了武功县靠近西安以及地处丝绸之路的交通线，还有比较好的基础设施。

武功县和西安相距 50 千米，从武功县乘车到西安咸阳国际机场只需要 40 分钟，高速、高铁、国道穿过武功县境内，还有关中最大的冷库集群，现在已经有超过十家物流企业入驻武功，并且运费低，还有毗邻的能提供强有力技术支撑的杨凌农科城和省级农产品加工物流园区。

目标更深远。假如将电商仅仅作为一种销售路径，那么就会限制其意义。但如果将电商问题发展为电商经济问题，那么对县域经济会有

着更为突出的意义，可以打通涉及生产、储藏、加工、销售等的各个环节，增加其对第一、第二、第三产业的黏合度，这更有助于扩大县域经济规模，同时也是武功电商最显著的特点。

口号更响亮。武功县的口号为“买西北，卖全国”，提出要将武功打造成陕西电子商务人才聚集地、培训基地以及电商物流集散地，中间透露出了一种豪气与自信，以便宣传以及吸引电商产业的聚集。事实上，这种宣传与定位已经起到了显而易见的效果，包括在西安从事农产品电商的企业在内的一批电商企业纷纷地去武功考察，有的已经入驻当地，诸如后稷商贸、陕西树德、赶集网西北总部、西域美农公司，每天的发单量约为 1.2 万。

武功电商模式的五个内核

武功县已经形成了电商经济，进而推动县域经济的发展以及转型。那么怎样定义武功的模式呢？可以将其定义为以电商园区为依靠的县域电商经济模式。

以园区来承载。想要做电商经济，就必须要有产业集群，即在一定的空间内让产业链聚集起来，而园区是有效的载体，武功的电商园区已经初具规模，但要实现目标，需要做的是扩大建设。而武功县已经意识到这个问题，正在加快建设的步伐。

以龙头为引领。西部电商起步晚，人才少，经验不足，那么最快的办法就是引进成熟的企业。这做起来有一定的难度，特别是西域美农的引进，具备标杆式的意义。

以人才为支撑力量。电商是新兴行业，第一个瓶颈就是人才，短时间内也无更好的办法，只能边引进人才，边培养人才。武功建起人才培训中心以及电商孵化中心，并争取到了淘宝大学的成功落户，持续地举办研究电商发展问题的电商沙龙，持续开展人才培训以及加强人才的引进，这些都是至关重要的。

以政策为导向。既然政府是领头人，就要将政策落到实处。政府应该制定一定的优惠政策和提供优质的政府服务来吸引人才。武功已经计划设立500万元的电商奖励基金，并且正在制定相关的扶持办法。

以配套为保障。产业集群是实践，而不是理论。为何大量的电子企业会聚集在东南，原因在于那里实现了产业集群。同样，武功的电商园区在电商企业入驻的同时，还需要加快与之配套的产业跟进以及聚集，加快农村电商、县域电商的建设，实现电商新城的全国繁荣。

广东揭阳军埔村：能学来的与难学的

揭阳市军埔村有着广阔的市场前景，其农村电商在发展的过程中，表现出了不可阻挡的生命力。它能够崛起，除自身所具备的优势外，还与政府的政策密不可分。

广东省揭阳市军埔村之所以成为“淘宝村”，原因在于其具备四大优势：一是有一定的电商创业基础，不管是在网店规模上，还是在人才上。二是国家对电商行业的扶持，一系列的鼓励政策为电商行业的高速发展提供了保障。三是其地处珠三角，为其电商的发展提供了有利的商业环境。不管是在村民的思想上，创业环境上，还是在商业体系和相关配套设施上，都是比较先进的。四是产业配套较为成熟，当地的产品生产力较为强大，更有产业协会入驻。对于军埔村而言，其电商能够迅速崛起有以下四点原因。

大力发展，政府助攻

军埔村能够在短时间内走上产业化和规范化的道路，得益于政府、当地党委能够敏锐地抓住新机遇。市局领导在一番调研后决定将军埔村打造成一个“淘宝村”，甚至是“电子商务第一村”。政府部门一系列扶持措施有：协会的成立，利用协会将零散的从业者聚集起来，来进行集中培训；培育从业主体，让其快速地成长为市场的主体；推动电商村和各大制造业企业展开合作，建立并完善产品供应链；完善交通、通信、教育以及文化等配套的设施，加大覆盖率，做好基础服务；建立诚信基金、发放贴息贷款、提高资金活跃度、突破资金瓶颈；政府已经出台了一系列扶持政策，并取得了显著的成效。

以青年为主体：注重人才

电商是商务与互联网技术的结合，属于新兴商业范畴，不能按照传统的思维模式去建设和实施，电商的主体是一群有着互联网思维的年轻人。专业人才是电商的决定性因素。在军埔村的电商之路中，不管是外出务工的年轻人，出门求学的大学生们，还是外来的创业者，都有可能成为军埔村淘宝事业的领路人和生产主体。如果是本地人才选择电商创业需要贷款的话，则可以享受比正常商业贷款一半的利率。而外地人则可以免除三年租房费用以及宽带网络优惠政策。政府对人才的建设进行大力扶持，让军埔村短时间内聚焦起了一大群以年轻人为主，拥有高技能、高素质的人才。

资金和培训

农村电商是一个新业态，这就要求农村电商商家要有具体的实践技能、清晰的创业思路、良好的创业理念以及专业的培训指导。淘宝村的发展最需要扶持的是资金和培训。揭阳市政府在这方面投入不少。

创业初期，在揭阳市政府的组织下，对电商人才精英进行了为期两个月的培训，主要的目的是解决军埔村的淘宝店主在网店装修、网店经营、融资以及市场营销等诸多方面的问题。在这之后，政府还陆陆续续组织了多次诸如此类的培训，甚至邀请电商业界的大佬们来为淘宝店主解惑，军埔村的"淘宝教室"更是名扬千里。在资金扶持方面，政府部门考虑到大多数返乡的年轻人缺乏创业基金，于是协调金融机构放出1000万元的贷款，并实施财政贴息50%的金融政策。

代工搞生产：营销突出

开网店村民、品牌商以及代工厂之间相互关联、相互依靠，牢牢地结合在一起。在军埔村的运营模式中，村民就如同分销商，不需要承担任何经济负担，商品积压的风险由批发商来承担。村民们只需要将品牌上的信息传到网上，等待接单即可。接到订单后，按照接单量按需采购，将商品打包好发给消费者。如此一来，村民经营电商便可实现零成本、零风险，因此大大地调动了他们的积极性。